教出殺人犯

Shigeki Okamoto

岡本茂樹

黃紘君　譯

——いい子に育てると犯罪者になります

「好孩子」與犯罪的距離

推薦序

「好孩子」與犯罪的距離

Foreword

◆推薦序
——我想養出好孩子，怎麼教成殺人犯？

人為什麼會犯罪？關於這個問題早在十九世紀末葉開始即已展開系統性的研究，主要關注點在於犯罪原因的發現與其法則性。至今雖然投注許多研究人力，例如精神醫學、社會學、心理學等，但是整體而言，這些研究人力其實不是「專職人員」，而是兼差的。縱或如此，百餘年來也累積了不少業績。大體上這些業績可以分成三種類型。

第一種屬於生理類的研究，例如頭蓋骨、胚胎、染色體異常、腦部病變、基因遺傳等。這類研究通常針對特例，很難產生一般化的法則，所以雖然吸引人，但始終沒有辦法成為主流，只有在社會動盪時，被利用來合理化排除不受歡迎人物的政策，發揮政治功能而已。

第二類是社會情境與學習方面的研究。其研究內容簡單而言是人處於特殊環境時會學習解除壓力的方法，其中之一就是犯罪。不論這種說法多有道理，反對者只要提出反證，說明處於同樣環境的人有不一樣的反應，法則性就無法建立起來。

至於第三類的主張有點打混了。這類主張者認為犯罪行為是多原因的，不論生物原因或社會原因都混雜在一起。換句話說，他們認為這是一個黑箱，任誰都無法提出預測犯罪的標準。之所以說這類研究者的主張在打混，是因為他們以問答問，完全無法解決問題。

既然犯罪原因無法究明，那麼制度對於犯罪行為的反應就是純粹的處罰。而處罰效果的功利性思考在於，人都會怕惡害的賦加或利益的剝奪，只要對犯錯的人處罰下去，他們就會怕，潛在的犯人也會怕，於是社會回復安定。問題是並非每個犯人都會被抓到，投機取巧者仍舊存在。在這種思維下，不斷加重的嚴罰與全面性取締的政策於焉產生。

臺灣目前的狀況就是如此。肅殺的刑事政策在於表達出不寬容的排除與冷漠的人際關係。在位者狡猾利用民眾高亢的情緒，除了塑造出團結一致的假象，也圓滑推託了國家與社會應負擔起的責任。

然而在國外，上述第二類型的研究仍然繼續發展，其結合了社會學、心理學、精神醫學等領域的研究所得，在上個世紀六〇年代結束巨型理論發展後，逐漸細膩化，並開發了無數的心理治療系統，本書即屬於其中一脈。作者在書中展現了對超我與自我的衝突、關係的建立、深度自我探索，以及行為轉變等諸多層面的觀察，而這些都是作者於實際案例中所獲得的經驗。這點只要詳觀作者對於酒井法子吸毒案件的分析與建議，就可以明確掌握。

作者認為行為人幼小時期的經驗會影響長大後的行為模式，而這個經驗的來源通常是扶養者或教師（超我）的養育態度。因為幼時不愉快的經驗，造成負能量不斷累積，於臨界點到來時，無法處理特殊社會環境所形成的刺激，做出偏差行為或犯罪，進而在司法的反應下不斷輪迴。更重要的提示是，作者認為這些幼時不愉快的經驗並不限於家暴或性侵，更關鍵的是我們日常認為對應兒童時的正常態度，只要處理不當，就會產生創傷。這就是本書原書名的意義所在——「我是想養出好孩子，不料竟教成犯罪者」。

人是社會動物，生存於人際關係中，必須自小養成遇到困難時率直說出自己的困擾、適度接受他人關懷與協助的態度，作者稱此為依賴他人的「撒嬌力」。你要堅強、不要依賴他人、要有自信、努力就會有結果等勵志的對應，其實僅是教導兒童必須隱藏自我原貌與壓抑慾望而已。傾聽、包容、接納，才是養育兒童的正確方式。作者主張承認與包容兒童現在的脆弱原貌，才是養成其健全人格的必要步驟。

民國八十六年（一九九七年）修訂《少年事件處理法》的時候，我就不斷主張身陷司法的少年需要的不是責罵、究責或反省，而是成人的伴同與自我表達權的保障。伴同可以促進安心，而安心是自我表達的基礎。如果司法少年可以在處遇流程中理解到自己深層的創傷，學會自我表達，並積極尋求他人協助，那麼就踏出更生的第一步。

本書給予我們最大的啟示是，當我們聽到少年說「我絕對不會再犯」時必須戒慎恐懼，因為這句反省的話代表其仍舊無法對他人敞開心胸，仍在自我壓抑；反倒是少年說出「我不知道將來會怎樣，你能協助我嗎」的時候，才是成功的第一步。

作者已經於二〇一五年過世，本書是他的遺稿。出版社刪除重複部分，並修訂章節後予以出版。若以嚴格的觀點審視本書內容，或許有人認為學術性不足，論述有點凌亂；但是就我而言，本書說出了我在民國八十六年所無法明確表達的《少年事件處理法》的精髓。

國立臺灣大學法律學院名譽教授／李茂生

（本文寫於二〇一七年）

◆推薦序

——因愛而改變

看了岡本茂樹教授的這本書，不得不佩服他對受刑人的用心教導與分析犯罪成因的專精。他的文筆寫實，思考縝密，論理清晰易懂，特別是對於不讓小孩造成過度心理「壓抑」的看法一針見血。一個小孩如果從年幼時受到正確教導，一路走來比較會依循正常方向發展，不致於觸法坐牢，真正的「好孩子」就不會成為「殺人犯」。

岡本教授清楚提出犯罪根源是在小時候，因為家庭或家教有問題，孩子才會出現問題。孩子不斷被大人教導要做個「好孩子」，累積太多隱藏和壓抑，才會突然情緒失控而去犯案，臺灣也有幾個個案就是這種現象的翻版。有本書叫《家庭會傷人》，確實談到家庭的缺失，家庭不好，孩子也好不到哪裡去。從我輔導眾多受刑人的經歷得知，家好，犯罪就少；家不好，犯罪就層出不窮。家，原本應該是幸福的搖籃，何竟成了犯罪的溫床？家，原本應該像快樂的天堂，何竟成了傷人的戰場？

本書第一章談到個案宮本亮次（後改名為宮本亞門）為何想自殺，確實與他從小受到同學霸凌有絕對的關係。他受同學譏訕是男生還化妝像個女生，因悲傷難過而變成繭居族。母親雖想幫助他，但只叫他「打起精神笑一個」（做個「好孩子」），無法解決他的心理困擾。直到尋求精神科醫師協助，向醫生吐露內心的痛苦，心靈才逐漸獲得康復。作者一直在提示，父母處理孩子的憂傷，不能只是叫他強顏歡笑，一定要給予傾訴的機會。一味叫他成為「好孩子」，壓抑內心深處的感受，反而會讓心靈內傷，一蹶不振。找到疏通情緒的管道，就能將痛苦的過往轉化為「寶物」。如同大家熟悉的「no pain, no gain」，沒有痛苦就沒有祝福，沒有受傷就沒有勳章。

第二章提到日本少年院的管理更讓我感慨良多。我進出臺灣的監獄與矯正學校，實施輔導教化已近三十年，確實其中許多管理方式並不合情合理，作者提到少年院內「嚴禁交談」就非常不合常理。人是群體的動物，不可能離群索居，少年院卻規定少年在一起生活，沒有教官許可，一整天都不能開口交談。這種限制雖然能讓人安靜服刑，但也可能把他關出病來。在適當時段和地點，讓孩子自由互動，抒發痛苦，對於穩定囚情其實有正面作用。

作者針對「壓抑」情緒做了許多闡述，特別是第三章提到日本的「角色書信療法」，讓受刑人以寫信疏導情緒，我覺得非常管用。受刑人通常比較自我中心，不太會替人設想，如果能站在別人立場看事情，比較不會為所欲為。透過角色互換，把自己當成對方，或寫信給某人，都會讓他們有機會學習不要太過衝動，也要為過去的行為檢討和改進，這種療法完全是正向有效的教化方式。

我輔導受刑人的經歷裡就看過一些犯人檢視過去的錯誤行為，勇於寫信向被害人道歉。當然寄出去的信會換來一陣辱罵和鄙視，因為事件已經發生或被害人已經死亡，再多的道歉或自白，被害人家屬都認為毫無意義，畢竟道歉不能喚回生命。作者認為寫信不管有沒有寄出，對被害人也許無關緊要、幫不上忙，但是對於受刑人與老師卻益處良多。授課老師可以從文字和內容進一步了解受刑人的成長背景與所受環境影響有多深，之後對症下藥，讓浪子迷途知返。受刑人也能藉由文字抒發內心的痛苦，不但可以減低內在壓力帶來的傷害，也可能操練寫作而成為作家，何嘗不是一舉數得的美事。

這個寫信療法和臺灣更生團契的志工與獄中人通信有異曲同工之妙。寄出去的信得到志工回覆後，他們會繼續寫，最後都會寫出誤入歧途的原因。大部分受刑人來自破碎的家庭，因破碎的心靈發展出違常行為。藉由書信往來與志工的關心，受刑人感受到被愛以後，也立定心志，徹底悔改。

第四章花了極大篇幅探討藝人酒井法子。在臺灣，藝人吸毒的情形也十分常見，大部分是因為有錢、生活不正常，被朋友唆使而吸毒。然而酒井在作者的分析中確實有其獨特之處。酒井認為自己是為了逃避日常生活壓力，才需要毒品作為寄託，但作者一語道破她不是在逃避，而是因為需要而選擇碰毒。這個立論很重要，而且是根據事實。吸毒的人會說自己「很軟弱」，其實不然，大部分吸毒的人自我意識很強，明知毒品不好，也被許多人勸過，依然選擇墮落。作者最後道出酒井也受原生家庭影響，才有那些脫序行為，但也提出解決方法，就是向人敞開心房，訴說煩惱和痛苦。從別人身上感受到愛，心靈才會真正茁壯。愛，確實是一股力量，能化腐朽為神奇，能創造奇蹟。

我們更生團契輔導過許多菸毒犯，在政府蓋的臺南明德戒治分監（戒毒村）基督教班，每天都有老師去授課，細聽他們訴苦，用各種方法讓他們悔改信耶穌，感受到被神所愛。被人接納以後，不但不再吸毒，反而修復了與家人、社會的關係。許多戒毒成功的更生人成了反毒尖兵，到處勸人戒菸戒毒。

本書最後兩章都在談論怎麼正確教養孩子，值得家長參考。我和我太太養了兩個孩子，都已成家立業，我自己又因工作教導過數百個別人的孩子，也讓他們練習騎車並環島一千公里，把「非行少年」變成「飛行少年」。我曾把心得和經驗寫成《教孩子負責，別搶著替他們投每一顆球》一書，勸父母要用對的方式對待孩子，一是陪伴，每天花一點時間和孩子聊聊天；二是榜樣，不要抽菸、醉酒，身教重於言教；三是磨練，多點戶外活動，像打球或騎車。孩子是國家未來的主人翁，教好了，國幸甚，家幸甚；而沒教好，社會要付出極大成本，父母也會非常自責，悔不當初。

希望岡本教授這本書能提供父母一些省思，在孩子還年幼時多了解他，讓他感受到被愛。被愛的孩子，就不會想去害別人。

基督教更生團契總幹事／黃明鎮

（本文寫於二〇一七年）

◆推薦序 ——當寂寞與壓抑超出負荷

有時候，我們回應別人的需求，受益的也包含我們自己。那不是施比受更有福的美德，而是別人的需求裡，也有我們自己的需求。譬如枴杖的問世，一開始是為了「老弱殘」而發明，可你我都有用得到的時候；那些為了讓輪椅族更方便用餐的友善餐廳，空間的調整也讓所有人都享有更寬敞舒適的環境。

這本書看似聚焦犯罪的人（特別是少年犯），是一個與你我無關又極其小眾的議題，是一本為少數人所寫的書。可當翻遍全書，卻找不到自出生就罪大惡極的壞孩子，倒是看見平日乖巧聽話、獨立自主的好孩子成了罪犯，這是為什麼？我們不都想教出乖巧聽話、獨立自主的人嗎？透過書寫少年犯的過往、剖析他們的來時路，這本書要提醒的是所有人共享的需求，不論是我們親生親養的孩子、工作上遇到的生命，抑或是我們自己。

本書花了相當的篇幅細膩說明「做個乖巧聽話的小孩」、「做人將心比心」、「當個成熟穩重的大人」、「不要給人添麻煩」等日常教誨是如何教出大人期待的孩子，卻同時埋下潛在的犯罪風險。乖孩子、小大人、資優生，是我們期待孩子成為的模樣，而好多孩子也盡力滿足我們的期待，直到再也撐不住、直到鑄下大錯。他們的犯罪原因與樣態或有不同，但追根究柢是從原生家庭開始，直到求學受教育，在這近二十年的漫長日子裡，渴望好好被愛的需求未被滿足，最後透過犯罪行為表現出來。

少年犯罪，是寂寞與壓抑超出負荷的表現，書裡是這樣說明的。當我走過因為父母是思覺失調症患者所帶來的童年歧視、年少時的失序與絕望，當我選擇成為逆境兒少的陪伴者之後，短短三十多年的人生路讓我體會到，少年犯所承受的寂寞與壓抑是整個社會造成的。

我們的社會讓我們從出生前就在比較：生的是男孩還是女孩？小時候比成

績，長大比成就。社會的步調快到讓我們難以停下來感受自己的需求，感受我們深愛的人的需求；而社會指引我們前行的方向，總在說所謂的成功是功成名就，是辛苦栽培的孩子成龍成鳳。社會氛圍與現實壓力讓競爭焦慮一代傳一代。小時候不被教導正視自己的感受，長大後自然難以留心和回應別人的感受。而我與這本書最深的共鳴是，有時生病的是社會，發病的、犯錯的卻是個人。

我的這份共鳴，相信會讓有些讀者困惑、質疑：「很多人過去都很辛苦，一路上也是寂寞、壓抑成自然，但他們就沒有犯罪啊？」

一個層次是，風險因子不一定會導致風險的結果，但我們需要縮小風險因子。寂寞與壓抑是導致少年犯罪的風險因子，但同樣受寂寞與壓抑所困的其他孩子本來就不一定會犯罪。就像醣分之於肥胖、抽菸之於罹癌、學歷之於成功、有錢之於幸福等等。

書中提及的寂寞與壓抑，在現實裡更多時候是透過完美主義、工作狂展現出來，反而成了社會鼓吹的表現。滑稽而心疼地說，在一個社會裡，面對寂寞與壓抑的課題本來就有幾種典型的回應方式，譬如說少年犯與好孩子。只是少年犯的比例少之又少；只是我們不想教出殺人犯，又在成龍成鳳的期待中，難以辨識少年犯與好孩子可能都是在愛裡失落的生命。

一個接續的層次是，我們都難免以自己的經驗作為評判別人的基礎。如果我說「我的父母都是思覺失調症的病友，我還是過得好好的，那種父母只有其中一人是病友，或是其他常態家庭的小孩，日子沒過好都是自己的問題」，這樣的說法，是我的努力與幸運，遮蔽了我視野的廣度。

是呀，多數的人再怎樣寂寞壓抑也沒有犯罪：名門的壓力、貧窮的壓力、升學的壓力，但那不表示犯罪的少男少女是自甘墮落。沒有人出生就立志當壞小孩，我們都有過自己的努力，少年犯也是。那些走偏的可能只是在無人聞問的來時路裡，過上十五、六、七年特別不幸的人生。

我想這本書是寫給所有家長、教育工作者、助人工作者等兒少照顧者，但如果更多的我們願意理解少年犯，試著紓解他們的寂寞與壓抑，那受益的除了少年少女外，還會有我們自己吧！

寂寞與壓抑是現代的文明病，讀懂他們的心其實也在接近我們自己。我們都會因此更自由。

蛻變方成事創辦人／文國士

目次

「好孩子」與犯罪的距離

Contents

目次 CONTENTS

Chapter 1 明るく笑う「いい子」がなぜ罪を犯すのか

那個笑容開朗的「好孩子」為何會犯罪？

Chapter 2 進了少年院 只會變得更壞

少年院に入ると、さらに悪くなる

Chapter 3 受刑人心中深藏 小時候的問題

受刑者の心の奥底にある幼少期の問題

Chapter 4 「痛苦的過往」不能視而不見

「つらい過去」に蓋をしてはいけない

Chapter 5 父母要在孩子面前接納自己

子どもの前に、親が自分自身を受け入れる

Chapter 6
孩子還小時，育兒應注意的重點
幼少期の子育てで知っておきたいこと

前言

「好孩子」與犯罪的距離

Preface

◆前言

「任何人小時候的家庭環境或多或少都有些問題。」這句話我不太能理解，我認爲不論從主觀或客觀角度來看，我的家庭都很美滿。我書讀得不錯，父母也常誇獎我。只是小學冬天的時候，我會用暖爐提高體溫計的溫度，裝病不去上學；小學五、六年級的時候也偸拿過同學的文具好幾次。但我認爲這只是放任自己的怠惰與物慾，並不是因爲有什麼痛苦過往或遭受虐待。老師您認爲這又該如何解釋呢？

（底線爲筆者標記）

這篇文章是一名大學三年級的男學生（二十一歲）所寫的「課後心得」，姑且稱他為木下同學。

木下同學的文章包含了非常「危險」的內容，所謂危險內容就是他可能成為罪犯。我這麼說是因為他雖然認為自己家庭美滿，小時候卻出現問題行為，而且對自己問題行為的成因理解得非常表面。簡言之，他完全不了解自己，從犯罪心理的角度來看相當危險。從常理思考，真正在幸福美滿的家庭成長的人是不會出現問題行為的，所以他只是尚未覺察內心當中某些「重要的事」罷了。

他的問題行為有兩個：「不去上學」和「偷拿文具」。為何他非得要用暖爐假裝發燒也不去（不能去）上學？為何他要偷拿同學的文具數次？要找到答案必須回顧過去，直視內心，但他卻理所當然地將問題歸咎於怠惰與物慾，這完全說不通。萬一他直到出了社會還是不了解自己呢？我再重複一次，最糟的情況是他可能成為罪犯。以下我先假設最糟的情況，並具體說明原因。

木下同學的問題行為有一個共通點，就是用了「不會被拆穿的方法」。不論是不去上學還是偷拿文具，頭一次做的時候應該會有罪惡感：「我用暖爐偽造溫度計的讀數，會不會被發現啊？」「我偷偷拿走同學的東西，這樣對嗎？」內心肯定會擔心害怕。但要是「不會被拆穿的方法」奏效了，心態便會開始轉變：「太好了，沒被拆穿。」一旦獲得「成功體驗」，自然會想再試一次。當成功次數愈來愈多，罪惡感便逐漸淡去，問題行為也隨之加劇，可能從偷同學文具變成偷竊店裡的商品。而一旦又讓他成功得手，便會開始鎖定更昂貴的商品，一步一步踏上通往重大事件的「階梯」，這就是典型的犯罪模式。

我再進一步假設最糟的犯罪往下說明。以闖空門行竊為例，闖入空無一人的家中尋找值錢物品時，萬一恰巧碰上屋主回家，屋主肯定會大吃一驚並且放聲大叫，而犯人被屋主的尖叫聲嚇得腦中一片空白，隨手拿起房裡的花瓶或菜刀殺死屋主，從竊盜引發更嚴重的罪行就是強盜殺人。以為自己家庭美滿的人，最後卻變成奪人性命的兇手。雖然我是假設最糟的情況，但確實有受刑人就是這麼入獄的。

我在大學教課時，會讓學生自由寫下對課程的感想或不懂的地方，也就是前述的課後心得。我會從中挑出幾篇心得，在下堂課一開始時對全班同學發表。

學生人數約兩百五至三百名，而我唸的文章除了本人以外，其他人並不知道是誰寫的。當然由於涉及隱私，我不會照著唸，而是採用不同的敘述方式，唸完後再表達我的想法或予以回覆。木下同學在前述心得寫到「任何人小時候的家庭環境或多或少都有些問題」這句話，就是引用我在課堂上說的話。

唸完木下同學的心得後，我對他提出我的「假設」：「你小時候是不是有過無法坦誠說出自己感受的經驗？」我之所以如此假設，是因為他沒有向父母提出請假的要求。他之所以不去（不能去）上學，一定有他自己的「理由」，但是他不說（不能說），選擇默默造假溫度計讀數。不僅如此，還多次偷拿同學的文具。為什麼他不向同學表達「你的文具好棒喔，我也好想要」，而是選擇默默偷走呢？

反覆偷拿他人物品是非常幼稚的行為。想要的話，就算知道可能被拒絕，也會講出自己的想法。之所以說不出口，是因為當時的他已經無法如實表達自己的需求了。他的問題行為發生在小時候，可以合理懷疑童年的親子關係讓他無法坦誠說出自己的感受。這類心理問題的成因不能視為單純的物慾，因為真實情況是當時的他已經無法向父母表達自己的慾望。那又是什麼原因所致？或許他認為說了父母也不會接受，若是如此，就有必要思考他為何這麼認為。

這堂課結束後，木下同學又寫了一篇課後心得回應我的假設：

我是上次寫「我的家庭都很美滿」的人。聽到老師說我無法誠實表達自己，我感覺被人一語中的。

我有一個大我兩歲的姊姊。從小看著姊姊做錯事被罵，讓我知道不能有樣學樣，以免挨罵。看到母親和姊姊說錯話惹火父親，導致家裡氣氛烏煙瘴氣，讓我學會在家講話要小心，不要觸怒父親。

我家是雙薪家庭，父母都在忙工作，不太常管我，所以我有很長一段時間一回到家就打電動。在家人面前，我盡量做個不惹人生氣的乖兒子，連想喘口氣也選在他們不在的地方。畢竟我沒遭受虐待，家裡也沒發生家暴，我還是第一次發現原來小時候的問題行爲跟家庭環境有關。

讓我整理一下木下同學所處的家庭環境。他從小就對父親察言觀色，努力扮演「不惹人生氣的乖兒子」。他一邊從旁觀察反抗父母的姊姊，一邊拚命當個「好孩子」。我可以輕易想像他父母一定曾經這麼誇獎他：**「你姊姊是個叛逆的壞孩子，跟她比起來你眞是個好孩子。」**這句話或許還包含了對「男孩子」的期待。長此以往，他也在不知不覺間強化了自己的好孩子形象。對他而言，這個家並沒有成為讓他放鬆身心的避風港，反而隨時都得繃緊神經。由此推論，他可能是因為身心俱疲才變得不去（不能去）上學。總是在察言觀色的孩子，自然無法隨心所欲向父母撒嬌，也無法對朋友直接表達自己的想法。

我一向告訴學生要「回歸自我」，而非「尋求改變」。回歸自我指的是誠實表達自己的感受。但畢竟人的思考和行為模式是長年累積的產物，無法說還原就還原。對於木下同學的課後心得，我回覆他：「只要能發現自己的問題就很棒了。慢慢來就好，要不要試著開始表達自己真正的感受呢？」聽到我的一番話，他又在課後心得回覆我：

對老師（某種程度是對全班）自我揭露後，我回顧了過去，也整理了思緒，心情好像變得比較輕鬆了，謝謝您。

僅僅三次的課後心得互動，木下同學確實透過回顧小時候找出自己的問題點，並且理解問題的根源。他藉由書寫正視自己的內心問題，也將心情梳理了一遍，因而稍微感到輕鬆了些。雖然我不是直接和他面對面，他長年累積的問題當然也無法一次獲得解決，但是透過課堂上與他的「對話」，可以期待他未來的人生朝正向發展。一個人是否真正了解自己，人生將天差地遠。我雖然無法保證他以後一定不會犯罪，但機率確實縮小了。

本文從一開始就洋洋灑灑描述我與一名學生的互動，其實像這樣的學生絕非少數，即使程度不一，很多學生確實都有和木下同學一樣的問題。我在課堂上第一次唸出木下同學的心得時，可以感受到許多同學「認真的眼神」，他們都將木下同學的故事投射到過去的自己。**即使每個人的經歷不同，但一定可以感受到自己心中確實有一個「好孩子」**。甚至有學生在課後心得寫道：「如果沒有上這堂課，我可能已經犯罪了。」學生們似乎都覺察到內心深處一直折磨自己的問題根源。

有煩惱卻無法向人傾訴，只能獨自痛苦的學生；過度在意他人眼光，以致活得很辛苦的學生；內心寂寞卻裝作堅強的學生……煩惱與痛苦因人而異，其背後成因也各不相同，但共通點是問題根源都來自小時候，這是我從監獄裡的受刑人身上學到的。

我現在的工作是為ＬＢ指標監獄的受刑人設計更生課程，也會進行授課與個人面談。受刑人基本上分為Ａ指標和Ｂ指標，Ａ指標是初犯等犯罪傾向尚不嚴重者，Ｂ指標則是累犯等犯罪傾向嚴重者。一旦刑期超過十年以上，Ａ和Ｂ的前面會加上L（Long的簡稱），而LB指標監獄所收容的都是在日本犯下極重大案件的受刑人。

所有受刑人都有心理問題，但很少人能自我覺察，這也是為什麼我會傾聽他們的故事，追溯他們的過往。結果我發現，問題根源幾乎百分之百都發生在小時候。當協助他們釐清問題根源，我腦海中突然出現一個想法——如果問題能在小時候獲得妥善處理，或許眼前這名受刑人就不會犯罪，更不會坐在我面前，當然也不會有被害人了。

若能在小時候及早針對問題根源做出處置，孩子就會往好的方向發展；但是大人容易將焦點放在表面的問題行為，給予孩子懲罰。若問題行為是使用暴力，大人就會傾向以暴制暴。當然小孩的力氣不敵大人，只能選擇屈服，萌生憤恨與悲傷的情緒。不僅如此，幼小的心靈還可能植入「以牙還牙，以眼還眼」、「是男人就不能輸」（男孩子的話）等可能引發犯罪的危險價值觀。

在這種環境長大的孩子進入青春期又會變成什麼樣子呢？來到這個時期，

他們與大人的力量關係已經開始逆轉。當大人想用力氣壓制，他們已有能力反抗，而倘若贏過大人，問題行為將急速加劇。小時候內心的痛苦未能獲得大人接納，長大後便會展開「復仇」。他們已經完全不相信大人，犯罪能量也不斷增強。當然，若此時有大人用包容的態度接納他們，或許還能有所改變，但很遺憾，改變機率比起小時候可說是微乎其微。我會強調當孩子出現問題行為，大人必須將之視為「機會」，以關懷（簡單說就是「愛」）取代處罰，就是這個道理。

本書的目的是點出孩子成長過程中我們所忽略的盲點，也就是問題行為（尤其是犯罪）的根源。這些根源與我們視為理所當然的教養方式息息相關，也與深植父母或教育者心中的價值觀互為因果，釐清這些盲點後，我會說明該如何做出適當應對。

任何人都可能犯罪。或許有人覺得我誇大其詞，然而試想當自己無依無靠，而且長期如此，還能若無其事地活下去嗎？至少我自認做不到。孤獨是壓力的來源，當身邊沒人能接住自己的壓力，不要說維持日常生活，寂寞與痛苦交迫下要不發瘋都難。而此時要是遇到偶發事件，對學生來說可能是留級、對上班族而言可能是工作上犯錯，都將成為壓倒駱駝的最後一根稻草。當情緒一觸即發，結果不是自暴自棄而情緒爆炸（＝犯罪），就是對世界感到絕望而自我了斷，兩者都有可能。我想說的是，**犯罪雖然是極端例子，但只要所有要件符合，確實可能發生在任何一個人身上。而所謂要件，就是寂寞與壓力超出負荷。**

本書尤其關注孩子在成長過程中的寂寞與壓力。大人不假思索對孩子做出的言行、親子間的誤會、缺少接納孩子的話語……一旦次數多了，寂寞與壓力會在孩子心中一點一滴累積，大人卻渾然不知，最糟的情況就是成為罪犯。即使沒有成為罪犯，也可能有心理疾病或選擇自殺。即使沒有出現任何問題行為，也可能永遠懷抱著痛苦，感覺生不如死。而這些問題根源都出現在小時候。

你是不是以為「配合度很高」是一件好事？你是不是覺得「膽小怕事」很要不得？對這兩個問題都毫不猶豫回答「YES」的人，請務必讀完這本書，你的價值觀一定會有所改變，生活方式也會跟著轉變。身為家長或教育工作者的你，也會開始用不同方式對待孩子。

本書原書名是《養出好孩子就是教成罪犯》，若能事先知道如何預防犯罪，人就不會出現問題行為，也能以健康的身心活在世上而不感到痛苦。會走上犯罪的人，其問題根源必定與一般人大相徑庭，透過理解極端案例和養成背景，有助於釐清不明情況。本書的一大特色就是從犯罪心理的角度思考我們養育孩子的方式。

每次詢問受刑人為什麼犯罪，都會得到各式各樣的答案，例如「因為我交到壞朋友」、「因為我吸毒才去殺人」、「因為我喪失理智才做出那種事」，以上都是「典型答案」。這些理由沒有錯，但並非問題根源，問題根源在更深處。要找出答案，必須不斷探索過去，例如「為什麼交到壞朋友」、「為什麼染上毒品」、「什麼事情讓痛苦累積到喪失理智的地步」，一步步往前追溯，最後會發現是小時候的教養方式出了問題。

將人誤入歧途或走上犯罪的根源歸咎於小時候，或許有些人會感到排斥，我能理解。事實上，的確不少非行少年和受刑人都自認「我的家庭沒有問題」，但是請各位耐心讀完本書再下判斷。之所以認為小時候一切很好，只是本人沒有覺察問題的根源所在。對於未能覺察自己問題根源的罪犯，我也不得不承認更生絕非易事，原因一如我敘述木下同學案例時指出「他完全不了解自己」。

一旦缺乏對自我的理解，即使下定決心「絕不再犯」或深感「我真的錯了」，也無法成為遏止再犯的力量。然而少年院[1]與監獄卻不斷要求少年和受刑人表達決心或誠懇道歉，正是這種教育方式導致再犯。不僅矯正教育如此，一般家庭教育也經常要求做錯事的人必須表達決心或誠懇道歉。正因如此，我認為有必要理解問題行為和犯罪背後的根源。

本書主要案例是過去我在監獄實際接觸的受刑人，還有違反《覺醒劑取締法》的酒井法子。我希望所有為孩子的問題傷透腦筋的人、努力教養小孩的人、從事輔導工作的人，以及想擁有健康身心的人都能閱讀本書。

順道一提，本書舉出酒井法子的例子有兩個原因。一是與二〇一三年八月八日出版的雜誌《女性Seven》（小學館）對我的採訪報導有關。酒井法子在交保後的道歉記者會上表示自己「太軟弱」，並將之視為染上毒品的理由，而該篇報導標題是「更生專家表示，酒井法子該做的是思考問題的根源，而非道歉」，然而僅一頁的內容無法充分表達我的想法。既然被稱作「更生專家」，我想更清楚說明何謂「根源」，可想而知是指她的小時候。第二個理由是，我希望酒井小姐不再重蹈覆轍。雖然是我多管閒事，但身為她的粉絲，年輕時從她的歌聲和演技獲得許多鼓勵，我衷心希望能幫上她的忙。

1　**少年院**　日本收容受法院裁定交付保護處分的少年並施以感化教育的機關，相當於臺灣的矯正學校（過去稱少年輔育院）。

第1章

那個笑容開朗的「好孩子」為何會犯罪？

「好孩子」與犯罪的距離

Chapter 1

明るく笑う「いい子」がなぜ罪を犯すのか

いい子に育てると犯罪者になります

◆心裡苦，才要強裝笑容

看到一個面帶笑容、陽光開朗的孩子，你會怎麼稱讚他呢？想必大部分的人都會說他是個「好孩子」。然而這句再一般不過的「好孩子」，有時可能是導致孩子成為罪犯的導火線。以下用一個簡單的例子說明。

假設有兩個小學五年級的獨生女，分別為甲生和乙生。兩人在學校都表現得笑口常開、活潑開朗，但是家庭背景恰恰相反。甲生父母感情很好，家庭對她來說是個舒適的地方；相反的，乙生父母感情不睦，家中總是爭吵不休。

由於家裡氣氛低迷，乙生努力展現開朗的一面，希望緩和家中氣氛。她不時在心中責怪自己：「都是因為我不好，爸爸媽媽才會整天吵架。」同時也煩惱：「如果爸爸媽媽不在一起了，我該怎麼辦？」「要是爸爸媽媽感情好，是不是就不會把我丟掉？」明明只是個孩子，卻成天有這些煩惱。

當大人看到笑臉迎人的孩子，通常會根據外在表現稱讚「真是個愛笑的好孩子」，但是這句話各帶給甲生和乙生不同訊息。對甲生而言，這是一句令人開心的讚美，想必她今後也會是個笑容開朗的陽光女孩，因為她是真正的好孩子。另一方面，對於強裝開朗來緩解家庭氣氛的乙生而言，這句稱讚是在提醒她必須時時刻刻面帶笑容、表現得活潑開朗，想必她今後會活得更加壓抑。

如此一來，乙生只剩下兩條路，持續扮演好孩子，或者筋疲力盡，放棄當個好孩子。放棄的形式有很多種，可能是誤入歧途，最後演變成犯罪；也可能是喪失動力，拒絕上學，這就是典型的資優生拒學。即使沒有出現不當行為，也只是把問題延到青春期之後，過著痛苦不堪的人生，最糟糕的結果就是自殺。

或許有人會認為我的描述太過極端，但我就曾多次在國高中教育現場遇到類似案例，許多像乙生一樣的好孩子某天突然做出嚴重的問題行為。例如國中畢業前都還很開朗，升上高中就像變了個人似的，開始為非作歹或不來上學，這種情況所在多有。問題行為的發生無法預測，壓抑愈久，累積的壓力也會愈大，問題行為將以更激烈的形式展現。

一個活潑開朗的孩子突然出現嚴重問題行為時，我們都會忍不住想：「那個總是面帶笑容的孩子怎麼會變成這樣？」其實應該轉變想法：「那個孩子一定是一直以來累積了很多痛苦才會變成這樣。」

◆笑容背後隱藏的真實心情

即使孩子臉上經常掛著笑容，未必表示他的內心真的很快樂，有些是勉強自己裝出開朗的樣子。而他為何要如此勉強自己，必須思考其成長背景（尤其是家庭環境）。

家長因為常和孩子在一起，反而很難發現小孩其實在強顏歡笑。當大人未能發現且伸出援手，孩子只能繼續勉強自己。但如果對孩子的家庭環境有所理解，就能改變表達關心的方式，用「最近有沒有碰到什麼困難」、「放學後要不要一起聊聊天」取代「真是個開朗的好孩子」，如此就能拯救孩子的「性命」，絕不誇張，因為你給他說出「其實我已經痛苦得快死掉了」的機會。

從犯罪的角度思考乙生的例子時，有個不容忽視的重點，乙生之所以是「好孩子」，不是出自於父母的管教，而是她自己選擇的。這裡用「自己選擇」可能會招來誤解，加上「不知不覺間」可能比較適當。也就是父母長期感情不睦，讓乙生在不知不覺間自己選擇踏上當個好孩子這條路。

假設乙生在青春期後放棄當個好孩子而出現偏差行為，誤入歧途，想必此時的她已經在心中累積許多苦悶，那麼這些問題行為對她其實具有消除鬱悶、緩解負面情緒的效果。常見偏差行為有抽菸、偷竊，最壞情況可能是吸食強力膠、毒品，演變成犯罪行為。一旦被發現，乙生的父母肯定不是先反省自己，而是斥責女兒。乙生也會感到心情低落，覺得自己「太軟弱輸給外界誘惑」、「交到壞朋友真不應該」，接受處罰後誠心道歉，堅定表示「絕不再犯」。然而，這樣就能讓她重新站起來嗎？

乙生該面對的是找出非得當個好孩子的根源，父母也必須和她一起思考「為何女兒走上犯罪」。但現實情況往往是父母不願面對問題，只會處罰孩子。

◆宮本亞門為何自殺未遂？

NHK數位衛星高畫質頻道（BShi）[2]自二〇〇七年一月十日有個專門介紹

日本各界名人的紀實節目《我還小的時候》[3]，每集會邀請一位名人回憶自己的少年少女時代，並根據回憶內容製作成戲劇，片長共四十五分鐘。第五十九集主角是宮本亞門，於二〇〇八年十一月五日播出（NHK綜合頻道播出時間為二〇〇八年十二月一日）。看了那集節目我才知道宮本先生在高中時期是繭居族，曾經自殺未遂。總是笑口常開的他居然在青春期有過嚴重的心理問題，讓我相當震驚，我認為其問題根源一定在小時候，而節目中也印證了我的想法。

我想先簡單介紹宮本亞門。他生於一九五八年一月，父親在新橋演舞場[4]附近經營咖啡廳，母親是松竹歌劇團[5]專屬舞者。本名宮本亮次，興趣是鑑賞佛像，每當存夠旅費就會去京都或奈良旅行。

他從港區立白金小學畢業後進入玉川學園就讀。高中一年級出現拒學行為，繭居在家一年。這段期間曾自殺未遂，還拿日本刀襲擊酒醉的父親，發生這件事後他答應母親去看醫生。高一學期尾聲開始定期前往慶應醫院精神科看診，恢復到回學校上課的狀態。爾後就讀玉川大學演劇科，於大四休學，以音樂劇舞者的身分正式出道。二十四歲成立舞蹈教室，經營一年後到倫敦遊學兩年，看了七百場以上的舞臺劇。回國後立志成為劇場導演，改名為亞門，日後以劇場導演之姿活躍於世界舞臺。

回歸正題，宮本為何在高一走到拒絕上學這一步？讓我們從他在節目的自述與戲劇中尋找解答。

宮本從小生活在新橋演舞場附近的咖啡廳，店裡很多客人是日本舞蹈表演者或歌舞伎演員。他也會和母親一起送外送到新橋演舞場，常有機會在後臺近距離見到許多傳統藝術工作者。耳濡目染下，他對日本舞蹈產生興趣，從幼稚園開始學習藤間流[6]，而「事件」就發生在那個時候。

訓練結束就直接去學校的宮本遭到同學霸凌，因為他的脖子沾了白粉[7]，同學們圍著他笑說：「明明是男生還化妝，你是女生、女生、女生！」即使解釋「這是表演用的白粉」，小孩子也不會懂。他因此深受打擊，回家後告訴母親不想繼續學跳舞。節目中以戲劇形式重現當年亮次與母親的對話：

亮次：媽媽，我不要跳舞了。
媽媽：爲什麼？
亮次：因爲同學笑我像女生。
媽媽：傻孩子，那有什麼好丟臉的。笑你的同學才奇怪，那種不懂藝術的傢伙不用理他，知道嗎？好了，打起精神笑一個。

聽到母親這麼說，垂頭喪氣的亮次只好勉強裝出笑容，因為「面帶笑容」是母親的教養原則之一，而面帶笑容最後卻成了折磨自己、蝸居在家，甚至鑽牛角尖到自殺未遂的原因。他在自傳《ALIVE：在尋找生命意義的路上》（二〇〇一年　日本放送出版協會）描述這段經歷：

我這才發現原來學習日本舞蹈是一件異於常人的事，於是暗自將這件事藏在心裡，下定決心不要告訴任何人。明明在那之前，我都還只是一個單純又天眞的孩子……

這是他失去真實自我的瞬間。當時的他只是小學生，卻必須暗自吞下煩惱，做出如此悲壯的決定。他告訴自己，今後無論發生再討厭的事，為了和大家好好相處，一定要露出笑容。那樣的笑容其實是「逞強」。

◆當孩子面臨危機，你會怎麼做？

我在大學課堂上會讓學生看這部紀實節目，再出給他們一題簡單的「小考」。我舉出前述亮次與母親的對話：「如果你是母親（或父親），聽到孩子這麼說，你會怎麼回答？」這個問題沒有正確答案，每個學生都在紙上寫下自己的答案。他們想像未來自己的小孩遭遇霸凌，和亮次說了一樣的話，身為父母的自己該如何回應，努力思索著答案。以下舉幾個學生的回答。

一位男同學寫道：「如果你不想跳舞，放棄也沒關係，照你的意思做就好。」這個答案看似善解人意，但亮次想要的真的是母親支持自己放棄跳舞嗎？另一位女同學的回答是：「可是媽媽好喜歡亮次跳舞的樣子，雖然你現在很想放棄，但是媽媽希望你能繼續下去。」這個回答表達了父母對孩子的期望，聽到這句話，亮次也只能默默答應吧。

重點要擺在亮次希望母親怎麼做。他之所以不想跳舞，是因為被同學嘲笑像女生。小孩子通常不擅長表達自己的感受，所以大人必須試著解讀藏在話語背後的訊息。

亮次的話語充滿了遭受霸凌的悲傷與痛苦。小孩要向父母說出自己遭受霸凌需要很大的勇氣。當他發出求救訊號，父母的回應若是鼓勵或建議等「大道理」，反而會讓孩子關上心房。父母其實只要接受孩子的負面情緒就夠了。若母親能接住亮次的情緒，他或許就不會在青春期承受如此巨大的痛苦。

不過，雖然我說沒有正確答案，其實我有「自認為正確的答案」，也就是當我向父母吐露自己遭到霸凌時，我希望父母會這麼對我說，就是我認為的解答。每個人都有自認為正確的答案，而我的答案會寫在本書的〈結語〉，也請各位讀者思考自己的答案。

我想先解釋為何亮次走到繭居這一步。之所以變得如此，並不是母親不愛他。相反的，他的母親將強烈的愛灌注在他身上，而他也確實感受到母親的愛，但問題出在關心的方式。母親希望他不論悲傷或難過都能「打起精神笑一個」，但這會讓他壓抑自己的感受。在節目裡，宮本提到「我原本就很愛笑」，後來回想一下又說：「可能是學會迎合別人才裝出笑容吧？那或許不是真正的笑。」用笑容封印痛苦的亮次進入高中後變得拒絕上學、繭居在家，甚至試圖走上絕路的真正原因就在於此。

◆「我真的很想了解你」

前面提到宮本亞門曾在慶應醫院精神科定期接受治療。節目戲劇中是由一位中年男子扮演醫生，他從來不對亮次下指示或給建議，只是溫柔地說：「我想多了解你，可以告訴我你的成長過程嗎？」談到那位醫生，宮本面帶微笑表示：「他是個很好親近的人，跟他講話完全沒有隔閡。他非常擅長傾聽，我的心就像是被他打開了一樣，就這麼開始定期回診了。」

不論拒學的孩子、繭居者、誤入歧途的少年，甚至罪犯，要協助當事人就必須先了解對方。有一位能陪伴他、為他著想的協助者是不可或缺的。或許偶爾需要導正他的錯誤觀念，或是將自己的想法告訴他，但這些都是其次，最重要的還是理解對方。

所有問題行為的背後都有循序漸進的過程，也有一切的根源，但是光靠自己很難發覺根源所在，需要協助者反覆詢問：「為什麼？」「什麼時候開始有這個想法？」「那時周圍的人怎麼說？」「當下心情如何？」「一直以來都很辛苦吧？」「心裡其實很痛苦吧？」藉由協助者的詢問和他一起挖掘根源所在，這個「一起努力」的過程就是所謂的協助。亮次也是因為身邊出現想了解自己的人，藉著那個人的力量，解放了長期壓抑的負面情緒，才得以重新站起來。

亮次將鑑賞佛像的興趣、雙親私奔生下自己、在學校遭到霸凌、上高中開始拒學和繭居，甚至自殺未遂全都告訴了醫生。這些藏在內心深處的痛苦，自從有了醫生這個傾訴對象後逐漸康復。他在《宮本亞門的鴨子划水人生》中寫道：「看診過程中，我感受到一股安心的力量：『原來有人了解我』、『現在的我也很好』，並且在身體裡蔓延開來。」（二〇〇八年　宮本亞門等合著　世界文化社）正因為遇到一個接受「真實自己」的人，他的生命獲得拯救。

以下是最後一次回診時醫生和亮次的對話：

醫生：你的故事很有趣，明天去學校記得找個朋友告訴他。

亮次：但是醫生，我生病了對吧？

醫生：生病？那你要不要想成病都已經好了呢？

亮次：咦？

醫生：宮本同學，你明天可以上學了呀！你覺得呢？

走出診間，亮次對母親露出微笑：「媽媽，我明天想去上學。我已經沒問題了，這段時間很抱歉。」此時臉上的笑容已經不再是強顏歡笑。

節目的最後，主持人問宮本：「小時候那些痛苦的過往，現在回想起來有什麼感受呢？」他的回答感慨萬千：

那是我人生中最重要的一段時期，就像一塊勳章，更像是孕育靈魂的寶物。當時真的非常辛苦，也非常痛苦。那種痛苦，好像只要踏錯一步，人生就會一口氣碎成片段。如果現在叫我再次經歷那個當下，老實說我應該很難撐過去。但正因爲有那段過去，我現在才存在。那段時期對我來說是有必要的。

無論再怎麼痛苦的過往，一旦敞開心房療癒傷口，就會轉化為「寶物」，而這正是宮本亞門之所以成為一名知名導演的原因。

◆問題行為發生前，他們都是「好孩子」

本章開頭我舉了乙生因為父母感情不睦，下意識選擇成為好孩子的例子，其實類似情況還有很多，例如常被拿來和手足比較也是。

當哥哥很優秀，弟弟也會因為不想輸而設法讓自己有好表現。雖然表面上裝成好孩子，內心其實既生氣又難過，而且再怎麼努力也贏不了哥哥。此時父母一旦說出「看看哥哥，你真是沒用」，他就會停止扮演好孩子，讓自己的憤怒炸裂，也可能誤入歧途，變得為非作歹。如此一來，相較於「優秀的哥哥」，他就被貼上「沒用的弟弟」的標籤。

我想強調的是，為非作歹的弟弟其實一開始也很努力當個好孩子，沒有人會無緣無故走上歹路。真正問題在於拚命當個好孩子卻得不到稱讚，每每被拿來比較的不甘心與傷心持續鬱積在心裡，才導致這樣的結果。一旦負面情緒爆發，便可能走向犯罪。

也有小孩是因為貧困才選擇當個好孩子。例如父母遭到裁員或家境困頓，小孩知道家裡沒錢，不敢向大人表示「我想要這個」、「我也想買電動」，只能一直忍耐。愈是當個好孩子，就愈是壓抑自己的慾望，如此一來事情將如何演變？身邊朋友都有，只有自己沒有，大家討論時就會搭不上話。朋友邀約「週日一起出去玩」，但因為沒錢只能拒絕，久而久之被誤會為「難相處」，甚至遭到拒絕往來，這種情況要是一再發生可能演變成霸凌。儘管如此，孩子一心想著「不能讓爸媽擔心」，遭到霸凌也只能咬牙忍受。**他會在某一天因爲某種原因，在大人都沒察覺的情況下，慢慢變成好孩子；也會在一再的忍耐下，最後承受不了而爆發。**

我想從教養的角度談好孩子問題。各位是不是認為非行少年和受刑人都是因為父母沒教好才會走上犯罪呢？確實有些人是因為父母沒有好好管教所致，然而實際上相反情況絕對更多。他們的父母或照顧者經常斥責他們「像個男生一點」、「女生要端莊一點」、「要做就堅持到底」、「不要喊苦」、「不要任性」、「不能給人添麻煩」，而且大多情況會伴隨暴力，認為講不聽就用打的。暴力管教與虐待只有一線之隔，雖然見仁見智，但我認為這些都是過度管教。

他們一開始會試圖服從父母的嚴厲「管教」（虐待？），畢竟沒有人喜歡挨打被罵，而且只要服從就會得到誇獎，他們也想被誇獎（＝被愛），孩子永遠都在追求父母的愛。他們都曾經是拚命服從父母管教的好孩子。

這個階段會產生一個非常嚴重的問題，這種管教會教出表裡不一的孩子。在父母面前維持好孩子形象，一旦離開父母身邊，就會把當個好孩子所累積的壓力發洩在他人身上。常見情況是，學校老師把班上總是霸凌同學的孩子家長找來，請他注意小孩的言行舉止，得到的回答卻是「我家小孩都很聽話」，反而造成家長不信任老師。我就曾遇過這類型的受刑人，以下說明他的案例。

◆笑著說出悲慘遭遇的受刑人

說實話，我完全不覺得自己做了對不起被害人的事，監獄裡很多人都比我更惡劣。回到外面的世界（社會），我應該還是會做出同樣的事。

這是一位坐在我面前，年近四十的男性受刑人所說的話，地點是監獄裡的小房間。假設他的名字叫香川吧，香川因為煩惱和同房受刑人起衝突，申請與我個人面談。聊了三十分鐘，他終於提起自己犯下的事件。

香川的罪名是傷害致死。雖然他表示自己不是故意殺害對方，但終究奪走一條性命，被判處十二年刑期，當時剩下兩年多。一個關在監獄十年的人理直氣壯認為自己沒有對不起被害人，任誰都會想罵他：「都關了十年到底在做什麼？」「怎麼不想想死者家屬的感受？」「居然還想再犯！」這麼想也是理所當然，但是對他破口大罵就能讓他改過自新嗎？相反的，聽到責罵他反而會後悔說出真話，立刻拉下「心中的鐵門」，不發一語。說出真話卻遭到否定，任誰都會瞬間關上心房，即使是受刑人也不例外。

那麼該怎麼做才好？方法很簡單，他之所以「完全不覺得自己做了對不起被害人的事」一定有他自己的「理由」（＝根源），首先就是找出那個理由。「謝謝你告訴我真正的想法。」我先感謝他願意說真話，展現傾聽的態度。他開始告訴我事件原委。

香川沒考上高中就去工作，但是在職場人際關係碰壁，離職加入暴走族。他和暴走族成員一起恐嚇取財，久而久之成為同伴間的首領，偷竊機車、無照駕駛、吸食強力膠等無所不來。第一次進到少年院是在十六、七歲，總共進出兩次。犯了錯接受輔導，又再度犯錯、再度接受輔導，他的青春幾乎都在少年院度過。第一次進少年院時，他說自己「有反省」，回到社會又再犯錯。而第二次進到少年院，他說「已經習慣裡面的生活了」。

年紀超過少年院的收容標準後就是送進監獄。他無法斷絕與暴走族同伴的關係，持續竊盜、恐嚇，兩度入監。「老老實實」服完兩次刑期出了監獄，終究還是犯下重大案件。那天他一如往常和同伴去飆車，看到前方機車騎士蛇行，認定對方刻意找碴，一路逼車，追上後再把對方抓來痛打一頓，最後將奄奄一息的被害人丟棄山林，揚長而去。

◆用笑容自我防衛

講述如此悲慘事件時，香川臉上居然掛著笑容。這麼殘忍的事，他怎麼「笑」得出來？我了解很多人想說他「根本不是人」，但他這樣的行為其實有心理上的重要意義。

我們每個人都有自己的既定觀念，認為描述一件不好的事情時應該面帶嚴肅或一臉愧疚。但是香川沒有做出相應表情，反而面帶笑容，所以我們會斥責他「笑什麼笑」、「不知羞恥」，但如此只會讓他好不容易敞開的心房再度關閉。他之所以笑，其實是成長過程中下意識練就的自我防衛，簡單來說就是避免自己受傷的「習慣動作」。通常人在開心時會笑、悲傷時會哭，但是當我們抗拒面對真實情緒（尤其是負面情緒）時，要不選擇徹底壓抑，要不就轉變為其他情緒，也就是「笑」，開心時會笑，悲傷或痛苦時也用笑來表達。

有些人不願（不能）在悲傷時表現悲傷的情緒。他們通常在小時候有過相同過往，不願（不能）在悲傷時表現悲傷的情緒，所以長大成人依舊如此。小時候有過痛苦過往的孩子，因為沒有人能接住自己，養成悲傷或痛苦反而要「笑」的習慣動作。也就是當父母沒能接住孩子受傷的心，孩子就會失去表達情緒的能力，轉而用偽裝的情緒（笑）封印真實的情緒（負面情緒）。

被霸凌的孩子遭到霸凌者用摔角招式對待卻露出笑容，他之所以笑並不是樂在其中，而是無法承受被霸凌的痛苦，只好笑出來。看到這景象的老師還以為大家開心玩在一起，沒看出霸凌的事實。當大人無法識破霸凌的真相，最糟的結果就是導致孩子自殺。有個說法是「絞刑臺上的笑容」，指的是死刑犯臨死前被繩索套上脖子的剎那，因為太過害怕而笑了出來，當承受不了內心的恐懼就會開口笑是人類的防衛本能。雖然我舉的是極端案例，但我想說的是，香川之所以笑是有心理原因的。而他之所以養成笑的習慣動作，原因一定在過往經歷中。

我接著他的話問：「原來如此，明明做了壞事卻不覺得對不起別人，那你是從什麼時候開始有這種感覺呢？」

「我小學的時候常把朋友打到鼻青臉腫，那時也不覺得自己做了壞事。好幾次我都被老師狠狠揍一頓，當下心想『我一定要殺了你』。」香川思考了一下，笑著講述這段過往。

「那時候你有沒有遇到什麼討厭的事情？家裡的情況又是如何呢？」我繼續追問。

「其實我媽有酒癮，每天都會莫名揍我。我爸在居酒屋上班，天天喝到半夜才回家，一回家就對我說教，一講就是好幾個小時，還邊說教邊踹我。這種情況持續好幾年了。」

「原來發生過這種事，不只被媽媽打，還被爸爸教訓和施暴……當時你的心情如何呢？」

「我從頭到尾都放空，只想著什麼時候才結束。」香川說著的同時，臉上又浮現笑容。

◆麻痺情感的過程

小時候如果遭到母親痛打，甚至被父親執拗說教和暴力以對，這種毫無來由的委屈經驗即使只有一次，也會深深傷害小孩的心靈，而且傷口會持續數年，久久不癒。然而香川卻是長期遭受生理與心理虐待。一開始他應該對父母的「不當管教」很不服氣，但是小孩子如果想反抗，一定會惹得力氣明顯占優勢的大人更生氣，我們可以輕易想像當時的他陷入深深的無力感之中。

長此以往，他開始麻痺自己的情感（內心的感覺）。畢竟經常感到心痛實在太過痛苦，放空是為了不要感受到心痛而保護自己（心）的方法，如此一來，心痛的感覺也隨著時間變得愈來愈遲鈍。然後，他學會了「笑」。他的笑是為了不要感受到痛苦而產生的「假情緒」（＝習慣動作），但是在周遭人眼中，笑著對人暴力相向的人，就只是一個殘忍的人。

一個人對自己內心的痛楚若是變得遲鈍，也會對他人的痛苦無動於衷。香川把朋友打到鼻青臉腫，是因為無法再壓抑內心的憤怒，終於爆發出來。我並不是要合理化他的暴力行為，但那是他將長期累積的壓力所發洩出來的結果。對於香川的暴力行為，老師也以暴力壓制。以暴制暴之所以在許多罪犯心中成為根深柢固的價值觀，就是在這樣的過程中不斷強化。

我們來梳理一下香川麻痺情感的過程：

在家受到父母不當管教。

↓

壓抑對父母的憤怒。

↓

因爲累積壓力，在學校對人暴力相向。

↓

遭受老師暴力斥責。

↓

產生對老師（＝大人）的憎恨。

↓

回家受到父母虐待。

↓

持續壓抑內心（藉由放空保護瀕臨破碎的心靈）。

↓
在學校胡作非爲。
↓
再度被罵。

就是這樣的惡性循環奪走他珍惜自己與他人的心。

香川在小的時候，如果父母其中一人能接住他的心，如果老師能理解他施暴的真正原因，或者至少傾聽他訴說內心的痛苦，如果有人（心理師或周遭的大人）能撫慰他受傷的心，即使只有一個人也好，只要能遇到這樣的大人，對他內心問題的「根」施以「養分」（＝愛情），或許他就不會加入暴走族，更不會在之後犯下這次事件。

當然，我不認為成長環境的不如意可以為闖下大禍的香川開罪，他所犯下的罪是不容原諒的。我想說的是，問題的「根」在更深的地方，而這個根已經嚴重受傷了。說難聽一點，香川內心的根幾乎已經腐爛，無法感受到常人的痛苦。想要協助他更生，必須為腐爛的根灌注養分。處罰不是養分，只會讓根繼續腐敗潰爛罷了。

要協助香川更生，必須幫助他重新「感覺」小時候曾感受過的悲傷與痛苦，也就是悲傷時感覺到悲傷的情緒、痛苦時感覺到痛苦的情緒，讓他如實感受並且表達出來。或許有人認為：「那不是很簡單嗎？」然而對像香川這樣的受刑人而言就是做不到。

香川花了很長的時間將情感徹底麻痺，現在要他面對小時候的痛苦會伴隨巨大的煎熬。比起對被害人道歉一千次，要他回到小時候，用一句「我好痛苦」吐露真實心聲會讓他更加痛苦。或許有人認為這種更生方式未免太過寬容，但事實上這是很嚴厲的。即使如此，不這麼做就無法覺察「自己內心的痛楚」，也無法體會「被害人內心的痛苦」。我不得不說，唯有如實表達自己的感受，才有重新做人的一天。

◆一旦犯罪，更生談何容易？

　　香川一共進出少年院兩次仍然無法更生。少年院不同於監獄，它扮演的角色是教育少年。那麼香川是例外嗎？還是少年院的教育本身就沒有成效呢？這點讓我們用數字來檢討。

　　根據二〇一三年《犯罪白書》[8]的統計數字，觸犯《刑法》的少年再犯率自一九九七年起年年上升，二〇一二年達到三三．九％，也就是每三人就有一人會反覆犯罪，這是相當高的比例。

　　接著再看因再次犯罪而進入少年院的情況，過去五年內再入院者比率為一四．五％至一六．四％，其中男生為一五．五％至一七．三％，女生則是七％至九．二％。單看男生的話，每六人就有一人會再次入院，這個占比以最後我要敘述的結果（時間愈久，再犯率愈高）來看絕對不低。

那麼成人又是如何呢？與少年相同，成人再犯率自一九九七年起節節攀升，二〇一二年達到四五・三％。過去五年內因再次犯罪而進入監獄的受刑人比率為三九・八％（其中期滿出獄者五〇・八％，假釋出獄者二八・九％），實則有四成的人會重回監獄。而以過去十年內來看，受刑人再犯率更來到四九・五％（其中期滿出獄者六一％，假釋出獄者四〇・四％），將近一半的數字令人訝異。

此外，期滿出獄者的再犯率較高是有原因的。期滿出獄是因為無法通過假釋，原因可能是未達假釋條件，例如外頭無人接應，也可能是服刑期間表現不佳，受處罰而無法申請假釋。簡言之，期滿出獄者正因某些特殊理由，導致出獄後的再犯率更高。

二〇一一年《犯罪白書》的特集是「少年犯、年輕罪犯現況與預防再犯」，其中一項統計數字顯示一個值得深思的結果，讓我們從中探討少年犯與年輕罪犯的再犯情況。

以少年犯來看，一九九六年至二〇一〇年，離開少年院五年內因犯罪而進入監獄的比率，男生為九．三％至一三．五％，女生為一．五％至三．三％，而二〇〇六年為九．二％，兩者幾乎無異。但若統計離院超過五年後進入監獄的比率，一九九六年就多達二五．一％。也就是說，離開少年院五年內每十人會有一人因犯罪而進入監獄，一旦離院五年以上則是每四人就有一人會入獄。原以為離開少年院的時間愈久會愈遠離犯罪，沒想到實際情況卻是相反，再犯率不減反增。

再看看年輕受刑人出獄後再度入獄的情況。出獄五年內再次入獄的比率，男性為三四．六％至四五．九％，女性為二一．八％至三三．一％。近年有下降趨勢，二〇〇六年再入獄比率為三四％。然而一九九六年出獄者累計再入獄的比率卻攀升至五五．一％。若將統計範圍擴大至出獄後十四年，超過半數以上的人都會再度入獄。與少年犯情況相同，一旦超過五年，再犯率就會顯著攀升，半數以上受刑人都會再度回到監獄。

該《犯罪白書》也針對少年院離院者進行追蹤調查，統計離開少年院後進到監獄的比率。根據調查結果，六百四十四人當中進過兒童自立支援設施[9]者為二十一人，其中因犯罪被判刑的比率高達三八．一％；反覆進出少年院者有一百五十九人，其中被判刑比率為二七．七％；只進過一次少年院的二百五十七人當中，被判刑比率為一四．四％。由此可知，小小年紀就收容至機構的人，抑或是進出少年院次數愈多的人，其問題愈嚴重，他們長大成人後因犯案被送進監獄的比率也愈高。

總結以上統計資料，年齡愈低或進出少年院與監獄次數愈多者，長期來看（離院或出獄五年以上），因再次犯罪而進到監獄的比率愈高（進過少年院者屬於「首次入獄」）。可見少年時期一旦接觸犯罪，要徹底脫離絕非易事。

回到香川的例子，他進出少年院兩次，年近四十就已經第三次被關進監獄，可說是步上最糟糕的路。當然，他自己和周圍環境都有問題，但也可說是當年的矯正教育未能讓他重新做人。若是如此，接下來我想問的是，少年院究竟進行了哪些教育？實際情況我會在下一章介紹——少年院的教育現況令我震驚不已。

● 2 **NHK數位衛星高畫質頻道（BShi）** NHK BS Premium（BSP）的前身，已於二〇一一年結束播出。

● 3 **《我還小的時候》** 日文為「私が子どもだったころ」，已於二〇一〇年三月停止播出。

● 4 **新橋演舞場** 位於東京銀座，為日本三大電影公司松竹的主要劇場，上演歌舞伎、新派劇、松竹新喜劇等曲目。

● 5 **松竹歌劇團** 存在於一九二八年至一九九六年的少女歌劇團，所有表演者均為女性。

● 6 **藤間流** 日本舞蹈五大流派之一。

● 7 **白粉** 日本傳統化妝所使用的白色粉末，如藝妓或歌舞伎演員臉上所塗之物。

● 8 **《犯罪白書》** 日本法務省（相當於臺灣的法務部）每年出版的報告書，內容為犯罪趨勢與罪犯處遇。

● 9 **兒童自立支援設施** 根據日本《兒童福祉法》成立的機構，主要收容犯罪或有犯罪之虞的兒童，或因家庭環境等因素需要接受生活輔導的兒童。

第2章

進了少年院只會變得更壞

「好孩子」與犯罪的距離

Chapter 2

少年院に入ると、さらに悪くなる
いい子に育てると犯罪者になります

◆少年院內「嚴禁交談」

這是某天我與十幾名法務教官[10]、監獄官舉辦自主讀書會所發生的事。讀書會上，我們針對與少年的相處、監獄內的教育等主題，小自日常工作的煩惱，大至每天的教育實踐、具體案例檢討等，討論所有教育現場所碰到的問題。

那天是由一位三十多歲的新進男教官報告所屬少年院正在進行的教育內容。報告過程中，我聽到他說：「少年院是禁止交談的，所以……」聽到這句話的瞬間，我腦中浮現出疑問：「什麼？這是什麼意思？」然後再也聽不進後續的報告內容。我內心一直掛念著「嚴禁交談」這件事，努力克制想發問的衝動，好不容易終於等到報告結束。

「以上是本院進行的教育內容，請問有沒有什麼問題？」

「雖然跟主題無關，我想請問少年院都禁止交談嗎？」我立刻發問。

「是啊，所有少年院都是禁止交談。」他臉上浮現詫異的表情。

「連在宿舍也是嗎？該不會是二十四小時都禁止交談吧？」我繼續追問。

「基本上二十四小時都禁止交談，很奇怪嗎？」他毫不猶豫反問我，可見少年院內嚴禁交談對他而言是理所當然的規定。

◆少年院與監獄的差異

思考禁止交談的意義前，有必要簡單說明少年院與監獄的不同。兩者雖然都是促進收容人更生的機構，但是內涵並不相同。基本上，少年院是對少年施以

「教育」的地方，監獄則是對受刑人處以「刑罰」的場所。

因此在日常生活上少年院與監獄大不相同。少年院進行的是生活指導，例如以個人面談、寫作文或日記等方式解決少年的煩惱；安排職業訓練，協助他們取得焊接、木工、重機械操作、農業等資格或證照，以利離院後的就業；也提供學科教育，課程內容幾乎與學校教育相同。基本上少年院採「集體住宿」（正式名稱為「學生宿舍」），教官就是舍監。

反之，受刑人在監獄是以強制工作為主，工作時間結束通常可以回到以數人為單位的「同居房」（以前叫「雜居房」）。

為何少年院採集體住宿呢？因為這些孩子都不是在正常環境下成長，所以想提供他們如家庭般的溫暖……我很想這麼說，但事實並非如此。根據齋藤裕司的著作，少年院開始實行集體住宿是在一九六〇年代：「為有效促進少年更生，不但要透過個人的力量，更要透過群體的力量。」（二〇〇六年〈活用學生宿舍教育力的指導〉《矯正教育的方法與發展：來自現場的實踐理論》矯正協會）理念性的敘述或許不易理解，簡單說就是除了個別指導，還要藉由群體生活達到教育成效。

補充一點，少年因重大犯罪被判刑事處分，會被送到「少年監獄」服刑。換句話說，少年院收容的是「非行少年」，少年監獄收容的則是「受刑人」。

與監獄相比，就可知道少年院禁止交談所代表的意義。再複述一次，監獄是以強制工作為處罰，工作以外都是自由活動的時間。工作結束後受刑人可以回到房間，通常到用餐前都能有自由時間，當然也會彼此聊天。工作日是依照日曆，例假日就會休息，因此受刑人也能得到休息。

反之，少年院即使是週末也沒有自由時間，所有時間都拿來進行教育，因此任何情況都不允許自由交談，原則上只有教官在場時才能發言，由以下描述便可知道這項規則執行得多麼徹底：

禁止交談不只是目標，任何情境下「什麼可以做、什麼不能做」都有嚴格規範，少年的自由度極低。這項規則在用餐或看電視等宿舍內的日常生活也同樣適用，共處在同個時間與空間的少年彼此無法交談。

（二〇一二年　廣田照幸、古賀正義、伊藤茂樹編《現代日本的少年院教育》名古屋大學出版會）

只要沒有教官許可，少年一整天都不能和任何人說話，即使是進行打掃等需要互相配合的必要對話也是如此。不論用餐或回到宿舍休息，他們都是沉默的。光是想像一群少年聚集在一起卻彼此不發一語，我就感到渾身不對勁。

◆若開放交談，「惡的資訊交流」將會……

我不禁要問，為何少年院裡禁止交談呢？看看監獄的實際情況就能理解，同房受刑人彼此都在說「邪惡的事」。所謂邪惡的事，指的是誇耀自己犯過的罪，例如「我殺過人」、「老子這輩子吵架還沒輸過」，還有交流犯罪手法、抱怨監獄官、說其他受刑人壞話等。令人驚訝的是，受刑人還會「義結金蘭」，相約出獄後一起犯案，而且不在少數。但監獄官無法阻止受刑人交流「邪惡的事」，因為他們已經接受強制工作作為處罰，不能再剝奪其自由活動的時間。

如果讓少年自由聊天，將會沾染「犯罪文化」，甚至約定離院後一起做壞事，院方最怕發生這種情況。另一個理由是擔心產生群體中的權力不平等，形成有人是老大、有人在底下追隨的垂直關係。當各房間裡產生垂直的權力關係，就會形成宿舍規則以外的「小規則」，不但會成為霸凌的溫床，也難以維持秩序。

關於現行宿舍生活指導，齋藤裕司如此描述：「舍監切身體驗過重建崩塌的群體是一件多麼耗費精力的工作，因此為了使群體維持健全，絕不放過任何徵兆，必須經常做好預防措施。」（二〇〇六年〈活用學生宿舍教育力的指導〉《矯正教育的方法與發展——來自現場的實踐理論》矯正協會）所謂「絕不放過任何徵兆，必須經常做好預防措施」是指教官會時時刻刻「監視」少年，而少年也必須意識到自己隨時受監視。禁止交談對維持群體穩定而言，自然是一拍即合的規則。

結果少年院也和監獄一樣，將管理與維持秩序當作首要之務。即使少年院不同於處以刑罰的監獄，而是教育少年的場所，但只要沒有給予自由時間，可想而知他們的日常就是過著喘不過氣的生活，短則數月、長則兩年。我們必須思考這種「社會上不可能存在的規則」究竟會導致什麼樣的心理問題。

◆嚴禁交談造成的心理問題

要思考嚴禁交談對少年造成的心理問題，將少年院與一般校園做比較就能理解。在學校裡，課堂結束後一定有下課時間，學生可以聊天打鬧、休息放鬆，再開始上下一堂課。簡言之，為了撐過緊繃的時間，就需要得以放鬆的時間與空間。人都是因為有這樣的時間與空間才能保持平常心，非行少年也不例外。但是未經許可就交談會被視為違規，待在少年院的時間又得延長一個月。站在少年的立場一定想早日離院，所以理所當然遵守規則，心情自然無法放鬆。嚴禁交談所造成的第一個心理問題就是「壓抑」。

請各位回想自己的日常生活。當結束了在學校的一天，是不是會和同學互聊「今天累死了」或討論「放學後要去哪玩」？當結束了在公司的一天，同事之間也會互吐苦水「今天忙死了」、「客戶態度好差」，或彼此邀約「肚子好餓」、「要不要去喝一杯？」來撫慰工作的辛勞。回到家後，小孩可以向父母訴說今天發生的事，伴侶之間也能彼此訴說，即使發生討厭的事，只要有人傾聽，心情就會輕鬆一點。正因為有能夠放鬆心情的時間與地點，我們才有辦法日復一日努力過日子。然而少年院的少年卻被剝奪了理所當然的日常。

更恐怖的是，一旦少年不再懷疑這種不正常的生活，將之視為理所當然，在心理學上稱為**「馴化」**，簡單來說就是徹底習慣這樣的生活。如此一來，少年就失去了溝通能力。

避免罪犯再度將手伸向犯罪的方法，就是與人建立連結。當感到勞累或痛苦，有個可以抱怨的對象是絕對必要的，透過抱怨就能發洩壓力。以適當形式發洩，而非透過暴力或毒品的力量，就是預防犯罪的有效方法之一。不只少年不善於與同儕建立人際關係，現在的小孩都是如此。只要禁止交談這項規則存在的一天，少年只能在教官的指導下，從正規課堂學習如何建立人際關係，卻無法用自然的方式交朋友。況且，被馴化的不只少年，如本章開頭所述，教官也是如此，這種不正常的行為在少年院卻是常態。在社會上不可能存在的生活方式變成日常，這件事本身是異常的。

部分少年認為這項規則可以避免與人發生衝突，反而輕鬆。確實是很輕鬆沒錯，但是回到社會這個想法一定會碰壁，無法和人好好相處。在少年院，他們必須完全遵從教官指示，變成一個口令一個動作，沒有指令就不知該如何行動，那麼出了社會呢？可以說，少年院剝奪了他們的自主性。

最後，為非作歹成為少年結交朋友的唯一方式。他們只能回到過去的壞朋友身邊，行為模式也和進少年院前幾無不同。只會逞強、絕不示弱的他們就這麼不斷累積壓力，總有一天爆發出來。

有關嚴禁交談的規定，日本辯護士聯合會曾提出以下質疑：

與他人對話源自人類本性，是出於本能的慾望，也關乎個人尊嚴。缺乏正當理由便一律限制自由交談是不容允許的。當然以群體生活規則而言，於上課、就寢時間限制交談是可接受的。但是於用餐、自由活動時間彼此交談，從學習社會生活規則來看絕對有其必要。畢竟日常對話可能會激怒、傷害對方，這些都是建立人際關係過程中不可或缺的。有了這些經驗，並且學會以合法方式解決是極其正當的訓練。況且進入少年院的少年多為在社會上容易遭遇困難的一群人，這對他們而言無疑是相當重要的訓練。

（二〇一〇年　日本辯護士聯合會〈有關少年矯正現狀之意見書〉）

我原本期待現況能稍微改善，然而某事件一再發生後反而更加惡化。

◆因頻繁脫逃而更加嚴格

少年院不同於監獄，沒有高聳的圍牆，空間非常開闊。我參觀過多所少年院，幾乎與一般學校沒有太大不同。最令我驚訝的是，二〇〇五年秋天，我帶著大學研究室學生們造訪熊本縣南部人吉市的人吉農藝學院，那是一所不禁令人懷疑「這真的是少年院嗎!?」的機構。人吉農藝學院致力於協助少年考取重機械操作證照，位置也稍微遠離市中心。沿著小路慢慢走，幾棟小型建築物零星分布，這裡沒有一般學校會有的圍牆，眼前是一片被大自然環繞的寬闊空間。

然而這所少年院在二〇〇六年四月發生脫逃事件。三名少年前往距宿舍數十公尺遠的澡堂途中，不顧教官制止逃跑了，所幸其中兩人當天遭到逮捕，另一人也在四天後被逮捕。一直認為「在大自然接受教育的少年真是幸福」的我，得知這件事後非常震驚。

不知是否問題行為都會產生連鎖效應，全日本也陸續發生數起少年脫逃事件：二〇〇六年十二月岩手縣盛岡少年院的十六歲少年逃跑、二〇一一年八月大阪府茨木市浪速少年院的十八歲少年壞破鐵窗逃跑、二〇一二年三月愛媛縣松山學園的十五歲少年從一樓圖書室窗戶逃跑。

接連發生的脫逃事件，政府不可能坐視不管。二〇一二年五月法務省首度制定職務規則，將少年院的管理提升至與監獄同樣嚴格的水準（二〇一二年五月二十九日《產經新聞》晚報）。該規則共有十八項，其中亦包括禁止交談，例如「禁止無益交談，不得使其持有不必要之物品」。由此可輕易想像，禁止交談將如同其他規則徹底執行。少數幾名少年犯下的脫逃事件卻導致大多數少年必須生活在更壓迫的環境下。

雖然每所少年院各有特色，無法一概而論，但充滿壓迫的環境是共通的。然而除了嚴禁交談這個問題外，我認為最嚴重的是內部所執行的矯正教育。

◆非行少年的作文中顯現的問題

一般人對少年院和監獄內究竟進行什麼樣的教育，幾乎不得而知。雖然從法務省財團法人矯正協會發行的圖書、學會期刊，以及學術月刊《刑政》可窺知一二，但這些出版品並不會陳列在一般書店，需要向矯正協會申請才能購買。除了圖書之外，還有非行少年和受刑人所寫的作文集、詩集，發行這些出版品的目的是向外界展現他們努力更生的態度。

我手邊有幾本作文集和詩集，但是我對裡面的文章感到非常疑惑，每次閱讀總會讓我不禁想問：「這樣真的是在協助他們更生嗎？」「到底他們受的是什麼教育？」

因為本書主題聚焦在小時候，我選了一篇與此主題有關的文章。這是一名少年以「為什麼我會誤入歧途」為題所寫的作文，原文直接使用少年本名，在此將之省略。通常作文或詩的最後都有「教官評語」，我也一併附上。藉由這篇作文，我會指出其中問題點並且提出我的「假設」。

此外，這篇作文出自於法務省矯正局教育課編的《努力重新做人的少年：在少年院學習的年輕人手記第三集》（一九九二年　矯正協會）。雖然這本書年代稍微久遠，但是少年院的矯正教育方針從以前到現在並無二致（硬要說的話，現在還更為嚴格）。

各位讀了之後，究竟是感受到這名少年想努力更生？還是反而覺得更生對他而言更加困難了？若為後者，請思考究竟是在文章中的哪個段落有著什麼樣的問題。

爲什麼我會誤入歧途

〇〇少年院　男子

回想以前的自己爲什麼會誤入歧途，這個問題很多人問過我，我也思考過，但還是找不到答案。身邊的人常說是因爲家庭環境不好、學校老師不好、朋友不好。確實和其他人相比，我的家庭環境、交友狀況都不算太好，但我不覺得這和自己犯錯有關。

我的個性自我中心又性情急躁，喜歡出風頭，不論何時都想得到別人注意。

上了國中不愛讀書，運動也不太拿手，找不到可以引人注目的方式，所以把腦筋動到服裝和髮型。久而久之別人開始說我是不良少年，我知道自己不是，但因爲愛面子，還是裝模作樣。

到了國中三年級，我幾乎不去上學，晚上和朋友抽菸喝酒、吸食強力膠來逃避現實。這種日子過久了，每天都很焦躁不安，事情不如己意就用暴力解決，對父母、朋友、老師都會暴力相向。

我的家裡有父母、妹妹、阿嬤、我一共五人。父親經營汽車修車廠，但是營運不順，在我國中二年級曾經一度破產，之後透過周圍的人幫忙好不容易又能維持下去，但是賺來的錢只夠償還貸款，根本沒有收入，家裡生活開銷都倚靠母親的薪水。

父母的辛苦我都很清楚，但是我也不知道爲什麼，在他們面前就是無法當個直率的孩子，總是故意唱反調、爲所欲爲。他們並沒有溺愛我，當我反抗、動粗，他們會教我是非對錯。

小時候只要我做錯事，父親就會打我，那樣的父親曾經讓我非常畏懼。現在看到父母爲了家人仍拖著虛弱的身體拚命工作，我就對以前的自己感到非常羞愧，也想爲他們做點什麼。

我現在之所以可以如此堅定，決定重新出發，都是因爲我有爲我著想的家人。我一定不會再讓家人擔心，也不會再給家人添麻煩了。

教官評語

傷害行爲。初入院（初次進入少年院）。幫朋友助陣吵架又毆打對方。家庭內並無爭端，惟雙親均有工作，對少年多少有點放縱，管教能力較差。少年自我表現慾強烈，對權力關係敏感，容易做出迎合強者的行爲。情緒控管不佳，容易因小事火冒三丈，目前輔導重點爲教導他與人和平相處、培養同理心，並養成情緒控管能力與規律的生活態度。

◆誤入歧途的真正理由

先說結論，這名少年完全沒有面對自己的內心，更別說從文章中已經看出再犯可能。教官評語寫得煞有其事，但絲毫看不出是否洞察少年的內心。僅從這篇作文來判斷，我不得不說少年要更生很困難，以下說明理由。

請先注意這篇作文的開頭，少年思考過「為什麼會誤入歧途」但卻找不到答案，儘管斷定家庭環境和交友狀況與自己犯錯無關，最後仍舊沒有找出原因。換句話說這篇作文文不對題，應該將題目改為「我不知道為什麼會誤入歧途」才對。但其實他已經將原因明明白白寫在文章裡——小時候的家庭環境就是誤入歧途的根源。

我沒有實際接觸過少年，只能透過解讀他所寫的文章提出我的「假設」，當然也可能出錯，但要真正理解少年就必須這麼做。先建立好假設再實際與他面談，並將先前的錯誤解讀修正即可。若沒先建立假設就隨興對談，說難聽不過是閒聊，稱不上面談。身為協助者一開始不要怕出錯，試著從當事人的文章解讀他的心理，面對文字的同時也會帶給自己力量，進而使面談更有深度。

回到少年的這篇作文，他的家裡一共五人，父親自己創業，在他國二曾經一度破產，後來雖然持續經營，但始終不順，生活開銷全部仰賴母親的薪水。從這段敘述可以讀到幾個重點。首先是父親工作非常忙碌，曾經一度破產表示在此之前父親肯定不眠不休拚命工作，每天處於緊繃狀態；而生活開銷由母親一人支撐，表示母親一定也很忙。雙親都忙於工作，可想而知無法好好照顧孩子（＝孩子沒有得到足夠的關心），因此少年一定極度渴望父母的愛。

儘管如此，少年知道家裡很忙，忍住不向父母撒嬌，所以「在他們面前就是無法當個直率的孩子」。所有生長在經濟困頓家庭的小孩都不敢直接說出自己的需求。我推測這名少年過去也可能是個扼殺內心需求的「好孩子」。

此外，自己開公司的父親在生活上卻依賴妻子的薪水，「男人的自尊」碎了一地，可以想像他覺得自己很丟臉，每天焦躁憤怒，夫妻感情肯定不睦。

最關鍵的是這段文字：「小時候只要我做錯事，父親就會打我，那樣的父親曾經讓我非常畏懼。」少年做了如何嚴重的「錯事」我們不得而知，但可以肯定的是，做錯事的理由一定是寂寞與壓力。從父親會毆打他來看，他一定時常看父親臉色，為了不挨揍，每天過著心驚膽顫的日子。非行少年和受刑人的共通特質是「在意他人眼光」，他也不例外，而一切根源就在於此。

小時候的他一定很想對父母大喊「我好寂寞」、「你們可不可以多關心我一點」、「打人的爸爸最討厭，拜託不要再打了」，他真正該面對的是缺乏父母關心的寂寞與遭受父親家暴的憤怒。我推測他之所以誤入歧途，就是為了尋找發洩負面情緒的出口。當然，他的父母並非不愛他，只是不幸的是，在陷入嚴重經濟困難的家庭裡，孩子往往無法從父母身上得到「被珍惜的感覺」。

光從一篇作文我就可以建立很多假設。反觀教官評語令我非常吃驚，為什麼他能斷定少年「家庭內並無爭端」呢？很明顯他的家庭環境並不美滿，僅用「多少有點放縱」帶過就好嗎？藉由這篇回顧過往的作文，是否讓少年多了解自己一點呢？至少要讓他理解誤入歧途的真正原因才是，我感到非常遺憾。

◆「想引人注目的心理」源自對愛的渴望

如同少年在作文寫到「喜歡出風頭」、「找不到可以引人注目的方式」，他的內心強烈渴求獲得關注，這是大多數非行少年和受刑人身上的共通特質。這源自於缺乏父母的關愛，所以轉為尋求其他人的肯定（＝被愛）來取代這份愛。一言以蔽之，就是強烈渴望「被認同」，而表現在行為上就是強調「我是男子漢」來獲得認同。

其實他們真正想要的是父母的愛，其他人的肯定說穿了只是替代品，不論獲得再多的替代品，終究不是自己真正想要的（＝父母的愛），內心始終無法獲得滿足，進而追求「得到更多肯定」、「看起來更帥氣」、「更像個男子漢」，以致用更激烈的方式來獲得他人認同。這名少年是透過在服裝和髮型上作怪來吸引他人目光。這種違規行為自然會遭到校方處罰，但是對他來說，這是展現自己「不受教師權威脅迫」的方式，進而讓自己在同儕間變得很「帥氣」，感受到他人肯定。教官評語寫的「自我表現慾強烈」其實說明得不夠充分，因為在他展現自我的背後其實強烈渴求著愛。

少年提到在父母面前「總是故意唱反調、為所欲為」，因為他無法坦誠說出自己想要被愛，於是以扭曲的形式表達對愛的渴望。我已經說明他之所以無法表達自己的需求，根源就在小時候。當一個人無法直接表達想要被愛的感受，就會開始耍脾氣、鬧彆扭、故意不理對方。因此，要協助他更生，必須讓他學會如實表達自己的情緒。

少年和受刑人最害怕的就是「落單」。孤單讓他們感到恐懼，內心深處強烈懼怕著「原來都沒有人愛我」。這種恐懼感出現得愈早，愈可能產生心理創傷。成長過程中若一直帶著心理創傷，當感受到別人將視線從自己身上移開，恐懼感的「開關」就會打開，原本的畏懼便轉變成憤怒：「竟然敢無視我」、「又要害我一個人了」，結果一發不可收拾。

◆為何香菸和強力膠是「必需品」？

升上國三後，少年「幾乎不去上學，晚上和朋友抽菸喝酒、吸食強力膠來

「逃避現實」，經常可以從非行少年或受刑人口中聽到「逃避現實」這幾個字，但這句話其實隱含其他意思。

首先我們要理解少年當時的心理狀態。他提到：「別人開始說我是不良少年，我知道自己不是，但因為愛面子，還是裝模作樣。」當他被說是不良少年，內心其實是抗拒的，儘管如此，一旦在服裝和髮型上作亂（＝不良的認證），又回去當乖學生是很丟臉的，也會讓同伴遠離自己，所以「裝模作樣」是源自於害怕他人離自己而去的恐懼。

我說過少年過去可能是個好孩子，若是如此，他心裡應該還留有曾經努力扮演好孩子的自己。然而現在的他卻被當成不良少年，或許對這樣的自己感到相當厭惡。其實他的內心並未接受自己是不良少年，所以「每天都很焦躁不安」，也才會「抽菸喝酒、吸食強力膠」。這些行為都是不對的，但當時的他只能用這種方式發洩壓力。

與其說他是藉由菸酒毒逃避現實，不如說這些都是發洩壓力的「必需品」，他必須認知到自己是有意識將手伸向這些東西。這不是逃避，而是自己選擇。唯有讓他重新了解自己，才能幫助他面對所有問題行為。

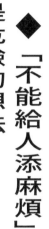

◆「不能給人添麻煩」是危險的想法

你是不是也認為不要給別人添麻煩呢？畢竟我們從小就被父母和師長灌輸這個觀念。「不能給人添麻煩」換個角度也可說是不輕易接受他人好意，無論任何煩惱或痛苦都獨自一人忍受。

事實上，人生在世的每一天，我們都是給他人添**「一點點的麻煩」**才得以度過。活在世上卻不帶給任何人麻煩是不可能的，人與人之間都是透過一點點的麻煩而產生連結。

少年在作文結尾寫下「不會再讓家人擔心」、「不會再給家人添麻煩」，展現堅定的決心，這是非常危險的想法。這些「危險的決心」會讓他陷入即使遭遇痛苦也絕對不和任何人說，無論再怎麼辛苦也要一個人咬牙苦撐的模式。教官評語表示少年必須「養成情緒控管能力與規律的生活態度」，但是養成情緒控管能力反而會讓他更加壓抑自己的情緒，他真正需要的不是控制情緒，而是好好表達情緒不是嗎？

教導少年控制情緒（尤其是負面情緒）雖然是目前少年院教育的主流做法，然而這些少年心裡應該累積了許多對父母的負面情緒。例如小時候曾經遭到父親毆打、父母忙到沒時間關心自己，只能把寂寞與難過往心裡吞，一直不斷忍耐。如果想讓他們學會控制情緒，必須先從吐露內心深處的鬱悶情緒開始才是。但是少年院卻對此視而不見，一味要求必須控制情緒、培養規律的生活態度，這不是很危險嗎？

說到底，**父母的存在意義不就是讓孩子可以添麻煩、讓孩子知道自己隨時都有人擔心嗎？**身為父母，有孩子給自己添麻煩、讓自己提心吊膽，應該感到高興才對，這表示孩子在我們面前展現真實的自己。若要協助這名少年重新出發，應該讓他學會好好向人撒嬌，懂得適時依賴他人，並以此活下去。當他說「不會再給家人添麻煩」時，我們不該叫他「好好加油」，而是鼓勵他「記得適時給別人添一點麻煩，才能好好活下去」。

我如此大肆批評，或許有些讀者認為這篇作文是例外，我建議有這種想法的人閱讀第三集其他少年寫的作文，也可以閱讀第四集（一九九七年），此作文集只出版到第四集。

以下我再介紹幾篇作文的「結尾」：

出了少年院，我會靠自己的力量努力活下去，不仰賴他人的幫忙。

（第三集　二四一頁）

我會把這段不愉快的過往塵封在心裡，展開全新的人生。

（第四集　三五頁）

回到社會後，我會要求自己不能任性，不要被自己打敗，一定要戰勝弱點，並且把在少年院學到的同理心當作內心最大後盾。我的青春即將邁向終點，卻也是新生活的起點，成年的我一定會努力成爲一個好的大人。

（第四集　五六至五七頁）

以上都是將「危險的決心」當作作文的結尾。這些少年並未真正理解自己誤入歧途的原因，不過是為了迎合大人想看到華麗的詞藻、深切悔過的用語、明確的決心而寫出這樣的文章。

尤有甚者，身為少年院主管機關的法務省矯正局居然選用這些作文，才是真正令我憂心的。

◆「我看這傢伙不可能更生了！」

事實上，我對受刑人授課時會將前述少年的作文當作教材，上課方式非常簡單，讓他們閱讀這篇作文後自由討論。本課程一共有七堂課，這篇作文是在最後一堂課登場。

大致說明一下這七堂課的進行流程。我會先讓大家閱讀一篇受刑人寫的「表面工夫悔過書」，讓他們思考何謂真正的反省。接著舉加害人案例，例如第四章的酒井法子或殺人事件的罪犯，案例包含加害人的成長歷程，大家讀完後再一起討論加害人的兒時經歷與犯罪原因。由於這些案例和自己無關，他們可以輕鬆發表意見，目的是促使他們將他人的案例與自己的經歷相對照，如此一來，從未回想過去人生的受刑人也能藉此回顧自己，覺察問題根源在小時候。

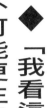

最後一堂課，我會舉出前述少年寫的作文。所有人讀過一遍後，我會問大家「有沒有什麼想法」，此時一定有人率先說：「我看這傢伙不可能更生了！」

我會接著他的話：「哦！真是犀利。為什麼你這麼認為呢？」

「因為最後的結尾不行啊！」其他受刑人也紛紛點頭，討論愈來愈熱絡。

我會繼續提問：「你們覺得他為什麼會誤入歧途呢？」

「他小時候是抱著什麼樣的心情過日子的呢？」

「為什麼這個少年想要出風頭呢？」

即使討論可能多少有點離題，但最後一定會印證我前面提出的所有假設。

前述上課過程一定有人會質疑：「有這麼剛好嗎？」「是在炫耀嗎？」但這絕對不是我刻意捏造或單純炫耀。一旦受刑人透過加害人案例回頭面對自己，大多數人都能洞察內心深處的問題根源。

或許有人認為他們是奪走人命的殺人犯，應該叫他們思考被害人和家屬才對，當然，我的課堂上也會討論被害人，不過是在最後階段。正因為留到最後，他們才有辦法更深入體會被害人的感受。

不光是監獄，少年院的教育也是從一開始就想方設法讓少年思考被害人的感受。我可以理解院方的用意是希望受輔人體會被害人的痛苦才有如此安排，但這麼做的結果只會逼得他們道完歉就作罷，無法使其反思內心，證據就是我所引用的少年作文與教官評語。

可以猜想一定有人會反駁我：「才沒這種事，少年院裡也會用內觀療法讓少年面對過去。」順道說明，內觀療法指的是針對過去與自己關係最密切的人（通常是父母），從「父母為我做的事」、「我為父母做的事」、「我給父母造成的困擾」三個主題思考（內觀），讓思考者產生「我明明做了那麼多壞事，帶給父母這麼多麻煩，父母卻沒有對我見死不救，讓我得以活在世上，我一定要好好感謝他們」的想法，彷彿照著寫好的「劇本」進行是內觀療法的一大特色。

內觀療法的問題在於過度強調單向反省，讓思考者陷入「我造成別人的麻煩，所以是我不好」的想法。我認為如果要思考「我造成別人的麻煩」，也應該思考「別人造成我的麻煩」才公平。這些少年過去遭受挨打罰跪好幾個小時，甚至被父母放任不管，過著有一餐沒一餐的生活，父母確實帶給他們很多麻煩，缺乏雙向檢討就無法得到真正的自我理解。單方面要求他們思考「我造成別人的麻煩」，只會得到「對不起」的結論。然而父母帶來的困擾導致他們在心中累積了許多憤怒與憎恨，內觀療法不但要求他們必須將這些情感視而不見，最後還得反過來感激父母，這種單向內觀太不公平了。

◆「表面工夫」是評估標準

針對少年院的教育拋出質疑的並非只有我一人，近畿辯護士會聯合會的少年問題對策委員會也明確指出我所認為的問題點。他們點出多項問題，以下僅摘要兩項我認為最重要的：

不僅教條與規則過多且繁瑣，就連每天必須記得與執行的事項，甚至處遇代號[11]也是如此。少年忙於這些瑣事，卻無法獲得充足時間學習自主思考的能力，反思自己爲何被送進少年院、之前做錯哪些事、今後該如何規畫人生等，實際上也有假釋離院的少年指出這個問題。

儘管讓少年學會自主思考是目前少年院教育的重要目標之一，但是在教育現場究竟實踐到什麼程度，有必要進行檢討。之所以需要檢討，是因爲少年不但缺乏自主思考的機會，當中還出現「假模範生」。他們表面上假裝服從，按表操課完成院方要求，以便提早獲得假釋，但由於還沒做到內省就早早離院，回到社會經常惹出問題。

（一九九九年《非行少年處遇：以少年院與兒童自立支援設施爲中心的少年法處遇現況與課題》明石書店）

請各位回想嚴禁交談所造成的心理問題。少年未經教官許可不得擅自開口，在如此壓抑的環境下，我完全不認為他們能做到自主思考。當然，我不是主張打破教條與規則，但是如此嚴格的環境反而會剝奪人的自主性。

一心想著早日離開這裡的少年學會表面順從，遵循教條與規則，以及教官指示，只要乖乖過日子就能得到肯定，有助於通過假釋，提早離院。說難聽一點，「表面工夫」就是評估標準。只要做好表面工夫，教官和少年都會獲得「認真努力」的好評，這些都是我從實際經驗得到的。

二〇一二年秋天，我受某所少年監獄之邀擔任示範教學課的顧問。所謂示範教學與一般學校相同，指的是將指導者的上課情形對外公開，並邀請其他矯正機關的教官與監獄官參觀，彼此切磋琢磨，為教師研習的一種。而顧問的角色就是在課程觀摩、問答時間結束後發表一段感想或建議作為收尾。

當天課程名稱是「溝通演練」。一開始由一名受刑人發出「起立」的指令，全班異口同聲說「教官好」並且敬禮，非常整齊劃一。上課內容由指導者指定一個主題，例如「最近覺得開心的事」、「最近感到難過的事」，受刑人兩兩一組，彼此自由交談。交談順序有固定形式，先由一人開口問：「你願意聽我說話嗎？」對方回答「儘管說」後就自由交談。結束時則說：「謝謝你願意聽我說話。」對方也回答：「我也要謝謝你願意聽我說話。」如此便完成一個回合。

一定有人質疑：「這麼簡單的事也需要練習？」事實上，受刑人並不擅長表達（討論）煩惱和痛苦，也不曾體會有人願意傾聽自己的快樂，所以無法建立正常的人際關係。為了避免再犯，他們必須學會感到痛苦或難過時，用一句「你願意聽我說話嗎？」來尋求協助。我認為這是非常有意義的課程，整個過程也讓我充滿好感。

然而，「問題」發生在課程結束後的問答時間。

◆篤信以暴制暴的教官

進到問答時間前，當天上課的教官（數年前開始，在少年院累積多年經驗的教官以「教育專門官」[12]的職銜到監獄擔任矯正受刑人的工作）會先說明課程目的（提升受刑人的溝通能力）再接受提問。

「我有一點感想，可以提出嗎？」來自其他少年院的中年男教官站起身來，指出課堂氛圍「太過鬆散」。受刑人自由交談時看起來確實有點「鬆散」，但是開始與結束都做到該有的禮貌，身為顧問的我表示輕重分明，氣氛活絡。提問的教官擺出一臉無法接受的表情坐了下來，可見他重視表面工夫。我知道光是一名教官的意見無法代表所有人，但是和他有同樣想法的教官的確占多數。要這些徹底被「少年院文化」滲透的教官給予收容人自主空間，根本不可能。

二〇〇九年，廣島少年院爆出教官對收容少年的體罰事件。因為這起事件，濱井浩一於其著作中有如下的描述：

用粗俗一點的話來形容矯正機關內部狀況就是，如果被看扁就完蛋了。學校也是，學生不可能聽從被他們看扁的老師指示。對老師而言，沒有比被學生瞧不起更難受的事，這種情況在少年院更嚴重。若少年表現出不服管教的態度，教官除了設法讓他們聽從之外，自己也會陷入不安與焦慮，甚至失控。

（二〇〇九年〈爲何少年院職員施以體罰與暴力？〉《刑事辯護六十號》現代人文社）

這讓我想起以前參觀過一所兒童自立支援設施，一名中年男職員對我說：「為了不被孩子看扁，我每天都會鍛鍊身體。」他邊說邊舉著啞鈴，露出微笑。面對力氣明顯占優勢的大人，孩子也不得不服從。

數年前少年院曾經舉辦「職員鑑定」，簡單說就是考核對少年的指導是否徹底，並反映到薪水上，鑑定結果也全部公開。那怎麼樣的職員會獲得最高評價呢？就是當少年團體行動時，有辦法維持秩序並給予指導的人。一言以蔽之，管理能力比其他能力更為重要。

讓少年接受職業訓練固然重要，導入海外頗受好評的認知行為療法也有其必要。但無論再怎麼加強教育與訓練，只要少年院的體制與每位教官的觀念不變，少年要重新做人恐怕遙不可及。

◆無法成為防止再犯的力量「下定決心」

矯正協會附屬中央研究所曾經針對再次進入少年院者（男女共一百一十二

人）進行一項發人深省的研究。研究方式採用「語句完成測驗」（Sentence completion tests）（二〇〇〇年　大川力、長谷川宣志、渊上康幸、茂木善次郎、門本泉〈少年院離院少年之研究　其二〉《中央研究所紀要第十號》矯正協會附屬中央研究所）。語句完成測驗是一種探索人格特質的心理測驗，測驗內容是舉出未完成的句子，例如「小時候的我」、「我的父親是」（又稱「刺激文」），讓受試者自由將腦中浮現的想法填充成完整的句子。

該研究使用的刺激文有「離開少年院時，我」、「對少年院教官，我」、「對少年院的其他少年，我」，值得注意的是「離開少年院時，我」。測驗結果中，五六．六%的人寫下「絕不重蹈覆轍」、「絕對不會再回到這裡」，表現出積極更生的態度；一七．五%的人寫下「只想玩樂」、「一心想著趕快出去」等消極答案；僅三．五%的人寫下「跟以前完全沒變」、「還想做壞事」等負面回應。而實際情況是，儘管一半以上的人在離院時信誓旦旦「絕對不會再回到這裡」，卻還是回籠。這項研究結果反映出空有「絕不重蹈覆轍」的決心無法成為遏止再犯的力量。

再介紹另一份研究，這是針對醫療少年院[13]外全日本的少年院少年們（男生三千零六十二人、女生四百零三人，共三千四百六十五人）所進行的大規模調查（二〇一三年　田中奈緒子、仲野由佳理、山本宏樹〈從問卷調查看少年院〉廣田照幸、後藤弘子編《少年院如何進行教育：調查與發現》矯正協會）。

其中一項調查是「少年院生活中最痛苦的事」，可複選三項。先來看男生的回答，前三名為「每天的規律生活」（三六．四%）、「與其他少年的群體生活」（三五．二%）、「主題式作文」（二九．九%）。女生的前三名則是「與其他少年的群體生活」（五七．九%）、「每天的規律生活」（三六．九%）、「內省」（三六．三%），矯正教育中女生也稱作「少年」。不論男女，「每天的規律生活」、「與其他少年的群體生活」都位居前兩名。這兩項都與日常生活息息相關，本應開心的日常生活反倒成為最痛苦的事。

讓少年體驗「痛苦」，他們只能學會「忍耐」，正確來說是「壓抑」，無助於重新做人，因為過度壓抑反而會成為日後犯罪的能量。若是如此，我必須嚴厲指出，進入矯正機關反而使人向下沉淪。當然，我無意全盤否定少年院的「教育」，但只要基本面不改變，仍以表面工夫為評估標準，少年就不可能主動面對自己的問題。

以第一章的香川而言，少年院之所以未能成為幫助他重新做人的起點，從內部教育環境與教官態度可窺知一二。很諷刺的是，對於長期自我麻痺的香川而言，少年院的教育只會讓他的情感更加麻痺。

● 10 **法務教官** 隸屬法務省矯正局（各矯正機構之最高監督機關），任職於少年院與少年鑑別所，負責教化工作，矯正司法少年，相當於臺灣矯正學校的訓導員。

● 11 **處遇代號** 少年院有四種類別：初等、中等、特別、醫療，其中又依據少年在院期間分成短期或長期，短期分成一般或特修，長期也有不同課程分類，每位少年需要接受何種教育都有分類代號代表。

● 12 **教育專門官** 在少年院負責教化工作的法務教官累積年資升等後成為教育專門官，得轉任監獄系統任職，相當於臺灣監獄系統的教誨師。

● 13 **醫療少年院** 少年院的其中一類，收容十二至二十六歲身心嚴重障礙者。

第3章

受刑人心中深藏小時候的問題

「好孩子」與犯罪的距離

Chapter 3

受刑者の心の奥底にある幼少期の問題

いい子に育てると犯罪者になります

◆受刑人的小時候百分之百不美滿

我在〈前言〉引用木下同學的課後心得提到，任何家庭多多少少有一些問題，世界上根本沒有百分之百健全的家庭。關於這點，我想講的其實是受刑人小時候的家庭環境百分之百不美滿。

前面提過，我會為犯下殺人罪或傷害致死罪等剝奪他人性命的受刑人設計課程，並且親自授課。該課程是以小組形式進行，每年約有五位受刑人可以參加。具體進行細節交由各監獄決定，我負責用一年的時間上完每堂九十分鐘、總共七堂的課程。

我會發給每位受刑人一本「筆記本」，請他們寫下每堂課的課後心得，同時指定其他題目，例如以「我現在正在煩惱的事」、「小時候我最開心的事」、「小時候我最痛苦的事」為題寫一篇文章。他們在筆記本寫下在人前難以啟齒的事或個人煩惱，我再將回覆寫在筆記本上還給他們。

針對其他指定題目，我經常使用「角色書信療法」（Role Lettering, RL），這是日本國內所創，一種運用寫信的心理療法。有時是以自己為主角，寫一封「我寫給某人」的信，有時則把自己當作收信人，以「某人寫給我」的方式寫信，藉此獲得對自我與他人的理解。由於信件不會真的寄出，可以把想說的話在信中一吐為快。把從前說不出口的話以文字表達出來，有助於一步步整理心情。

每年課程開始前，我會要求獄方提出每位來上課的受刑人「檔案」，事先了解他們的背景。檔案裡簡略記載成長歷程與犯罪原委。從成長歷程來看，他們小時候都經歷過以下情況——父母「管教」嚴厲（大多是父親家暴）、雙親離婚、照顧者不是父母（可能是祖父母或親戚）、在兒童機構長大、兄弟姊妹多且家境赤貧等，雖然情況各有不同，但共通點是在不健全的環境成長。

不過，少數檔案會寫「父母很普通」、「家庭環境沒有問題」、「出生在富裕家庭」、「雙親很溫柔」，讓我很懷疑。雖然對獄方很失禮，但就我的經驗，這些敘述經過幾次我與受刑人間的筆記本往返後，都會一一顯露出真相。

難道監獄準備的檔案是假的嗎？還是刻意隱瞞事實呢？他們當然沒有理由隱瞞受刑人小時候的家庭環境。這些檔案源自起訴前檢察官對涉嫌犯案的受刑人（原被告）偵查的內容。順道一提，我曾當過證人，被告是因殺人被起訴。當時律師送來的被告資料多達數冊，每本都像字典一樣厚，包括犯案經過、小時候到事件發生的經歷，檢察官的偵查內容堪稱鉅細靡遺。監獄根據這些資料製作成一張「調查表」，統整當事人的背景，也就是我手上的「檔案」。

儘管如此，隨著課程進行，還是能發現許多不同於檔案記述的真相，尤其是關於家人的內容更是如此。為什麼會有這種情況？理由可能有以下幾個：

① 受刑人（原被告）造假自白內容。
② 檢察官沒有仔細詢問受刑人（原被告）的小時候。

③受刑人（原被告）沒有提到自己的小時候。
④受刑人（原被告）認爲「我的家庭沒有問題」，或是沒有察覺自己的家庭有問題。

②和③並非完全沒有，但大多情況都是④。①在現實中比較不可能發生，畢竟被告謊稱小時候的家庭環境「很普通」，在法庭上對自己並沒有好處；謊稱「很糟糕」還比較可能取得法官的酌情量刑，反而對自己有利。④的情況是認定自己的家庭稱不上很好，但也不壞，或是很普通，甚至有人表示自己在父母的關愛中成長。畢竟他們無從與其他家庭比較才如此認為，也是可以想像的。

接下來我要舉兩個屬於④的案例，讓我們從受刑人所寫的文章中探索他的過去，從他原本自認為在普通家庭長大，直到因為某原因走上險路，最後終於發現自己為何犯罪的過程。這些文章題目是我衡量當時情況，認為有必要如此指定。以下文章均使用化名，為了避免透露個資，案例內容也經過調整。

◆自認在父母關愛下成長的受刑人

❶案例　山本一郎（化名）五十歲出頭

罪名◯
殺人未遂及違反《覺醒劑取締法》

成長歷程
雙親自己開公司，家中有四個男孩，山本排行老么。家境富裕，家庭環境並無問題。進入國中結交壞朋友，吸食強力膠。上了高中因爲跟不上課業進度，休學在家幫忙，此時開始接觸毒品，與販毒黑道成員往來。之後被診斷罹患精神病，反覆住院。三十歲出頭因景氣惡化，家中事業停止經營，他就此失業。四十五歲吸毒被抓，獲得緩刑。持續無業的他再次染上毒品，向曾有往來的黑道成員買毒。

犯案原委

因缺錢買毒，黑道成員要求以殺人抵付。他先是拒絕，但耐不住毒癮而答應，以菜刀刺殺被害人。對方雖然負傷，但在千鈞一髮之際逃走，並未構成殺人罪。

以上是監獄送來的山本一郎的檔案，僅Ａ４一頁，寥寥數行，我仍可從中讀到許多訊息。當然我的解讀也可能出錯，但一如我在第二章的少年作文提到，實際接觸本人後再將錯誤修正即可，最重要的是盡最大努力試圖理解對方。

那麼從這份檔案可以建立哪些「假設」呢?從「家中有四個男孩，山本排行老么」可以推測，父母原本一定心想「已經生了三個男的，希望這次是女生」，結果期望再度落空：「怎麼又是男的……」因而大失所望，對他也很冷漠。

從「雙親自己開公司」且「家境富裕」可以推測父母工作順利，小孩也不愁吃穿。「家境富裕」就表面解讀或許是「家庭環境並無問題」，但事實上這裡有個陷阱，我懷疑他父母的關愛方式是滿足孩子的物質需求。第二章的少年作文提到父母苦於家計，而山本的父母儘管事業經營順利，也必須長時間辛苦維持，可能每天早出晚歸，重心都放在工作，和孩子相處的時間也不多。家境富裕會讓人陷入「給孩子享受好的物質生活，小孩就會滿足」的想法。

然而小小孩需要的是父母的關愛，這點無須贅述。小學時期的山本一定為了讓忙碌的雙親關心自己，努力扮演「好孩子」，但這些努力沒有得到回報。長期缺乏關愛成為龐大的壓力，看著同學們家庭和樂，想必內心滿是羨慕。或許是羨慕轉為嫉妒，對同學拳腳相向，大家自然離他而去，學校生活愈來愈痛苦。

當正常朋友都離自己遠去，此時壞朋友一旦伸出友誼的手，從猶豫到接受花不了太多時間，畢竟沒有什麼比孤單更痛苦。跨越這一步後就是快速沉淪，從香菸到強力膠，再到毒品是固定模式。而經常和壞朋友鬼混蹺課，免不了被退學。山本休學後之所以在家幫忙，恐怕是父母無法丟下做壞事的他不管，安排家裡工作給他。然而，此時父母的心意已經打動不了他，一切為時已晚。

接下來就是沉淪的人生。一旦因買毒需求而和黑道往來，要重拾普通生活可說是難上加難。加上家中事業突然倒閉，雙親恐怕自顧不暇，沒有多餘心力照顧他。而此時的他已經染上毒癮，可說萬事休矣。

他在四十五歲違反《覺醒劑取締法》遭到逮捕。通常法院對吸毒初犯會判處緩刑，他又得以重回社會。但在那之後等著他的卻是一部最壞的劇本——因為付不出錢買毒，被黑道成員要求以殺人抵付。儘管他起初拒絕，仍舊禁不起毒癮而答應，可見他的內心已經脆弱到將毒品的重要性擺在人命之上。

以上便是我從檔案推論出的假設。接下來讓我們藉由幾篇山本所寫的文章，看看我的假設是否合乎實情？他在書寫過程中又產生哪些變化？我派給他的第一道題目是「我的小時候」。

◆既然「在關愛下成長」，為何誤入歧途？

我的小時候

我在父母的關愛下長大，他們的愛讓我從小衣食無缺。小學時因爲和大兩屆的學長熟識，和壞朋友成群結黨，未成年吸菸，明明是個小毛頭卻渴望大家認同我是男子漢。國中開始吸食強力膠，喜歡虛張聲勢，覺得自己天不怕地不怕。升上高中染上毒品，開始看精神科吃藥。年輕時常被笑是「神經病」或被說「腦袋有問題」，我也覺得自己好像有病，一直很沮喪。我很難融入朋友，常被冷淡以對，這又把我推向毒品。我無法克制毒癮，那時的我已經身心俱疲。

（中間省略）

在醫院認識了人生伴侶，在此之前結婚對我來說遙不可及。我們步入禮堂，但婚姻生活只維持一兩年就破局。之後又回到沉淪毒品的日子，然後變得愈來愈壞，最後被關進這裡。

最先吸引我目光的是，山本自認被父母所愛，卻從小學與壞朋友為伍，接觸香菸、強力膠，升上高中演變成毒品，問題行為層出不窮，怎麼看都不像是在關愛中成長的人會走上的路，這中間一定有他自己也沒覺察的問題。我注意到一段話：「明明是個小毛頭卻渴望大家認同我是男子漢」，這與第二章「裝模作樣」的少年是同樣情況。我們必須合理懷疑他真的「在父母的關愛下長大」嗎？

他提到國中的自己「喜歡虛張聲勢」，我認為是為了得到他人肯定。自小

「虛張聲勢」，人際關係一定不可能會好，因為這樣的人只會用逞強、耍帥來和人互動。想和人建立良好的關係，必須先展現真實的自己。但是他建立人際關係的方式只會讓人離他遠去，導致他很孤單。而愈是感到孤單，就愈是想獲得他人肯定，持續虛張聲勢，陷入惡性循環，反而更被孤立，覺得「很難融入朋友」。再加上此時染上毒品開始到精神科看診，身邊也沒有任何朋友，毒品便成為用來麻痺孤單與痛苦的方式。

所幸，深陷痛苦的山本後來認識人生伴侶也結了婚，但是他仍舊不知道如何愛人，也不懂得自我表達，畢竟從小就沒有機會學習。小時候無法好好向大人撒嬌的人，長大後不僅交朋友容易碰壁，與異性相處也會出問題。愈是面對親密的人、需要用愛相處的人，愈是不知該如何是好。很快的伴侶離他遠去，孤獨再度籠罩內心，重回毒品的懷抱也是必然的結果。

實際與山本面談後一如我的假設，檔案之所以記載「家庭環境並無問題」是因為他本人沒有發覺。面談時他說：「小時候父母老是在爭吵，母親很溫柔，但是職業軍人退伍的父親非常嚴格，我只要一開口就被罵『不准抱怨』，只能趕緊閉上嘴。」此外，他也提到對哥哥的不滿：「我開始吃精神科的藥之後，大哥就常說我『腦袋有問題』。」我想他內心深處應該充滿了對父親和大哥的強烈恨意，於是我運用角色書信療法，請他想像自己回到小時候，各寫一封信給父親和哥哥。

◆將憤怒發洩出來才覺察「愛」的意涵

小時候的我寫給父親

小時候爸爸忙著做生意，完全沒時間陪我。他永遠都在算錢，小孩的事情全部交給母親，或許是因爲這樣我很黏媽媽，變成了「媽寶」。

我還以爲每個人的家庭都和我家一樣，直到上了小學去到同學家玩，看到同學的爸爸居然跟家人玩在一起，一家和樂融融的模樣，我才知道原來這才是普通的家庭，讓我非常難過。我家雖然不缺錢，但是一點也不溫暖，我不想要只有金錢的愛啊！現在回想起來，或許媽媽也察覺到我眞正的想法，才會一直這麼照顧我吧。

爸爸生意不順的時候，我們家跌入了谷底，家具和家電都被貼滿紅色紙條。當時我還小，不理解那代表什麼意思，只能處在害怕不安的情緒中不停顫抖，後來才知道那是假扣押的紙條。印象中，媽媽會背著我四處向客戶收回帳款，對方卻說：「我們根本沒欠你們那筆錢！快滾吧！」這句話直到現在我還記得一淸二楚。我一直哭一直哭，我好恨讓我遭遇這一切的老爸。其實我好希望他能多關心我一點！

小時候的我寫給哥哥

大哥，我從小就很黏媽媽，不管到幾歲都還跟小孩子一樣長不大。或許是因爲這樣，你常把氣出在我身上。我第一次住進精神科病房時，你指著我說「最好一輩子關在裡面」，你記得嗎？爲什麼你總是對我那麼兇呢？不關心我就算了，我最討厭你每次對我講話都不經大腦，只會惡狠狠地指責我。我是家裡最小的，完全沒有話語權，一點也不像個男人，我也很痛苦啊！因爲你這樣對我，我還曾想過要是有一把大火把這一切都燒了該有多好。你別忘了，我吸食強力膠，後來又吸毒被你發現的當下，你可是手拿可樂罐狠狠砸了我的頭！當時我眞的對你恨之入骨。

但是，這樣回顧過去，寫下自己的感受後，我才發覺原來你對我一直都很重要。還記得我進了監獄時你第一次來看我，看到你眼眶泛淚的瞬間，我忍不住放聲大哭，一直說對不起、對不起。看著哭個不停的我，你安慰我說：「做錯事了也沒辦法啊……」那時的你眞的好溫柔。以前那個嚴厲的大哥，現在變成溫柔的大哥了。

山本打從心底認為，讓小孩衣食無缺就是父母愛的表現。當然父母有必要讓孩子衣食無缺，但是光只有物質，不可能滿足人的心靈，他真正渴望的是有個和樂融融的家庭。這個需求一直無法獲得滿足，為了填補內心的寂寞，他開始抽菸、吸食強力膠。

雙親都在經營家業，忙於工作，無法有太多時間和孩子相處也是無可厚非，但並不是所有這樣家庭出身的孩子都會誤入歧途。關鍵在於，儘管只能撥出一點點時間給孩子，也要讓他知道「爸爸媽媽很愛你」，即使只有一句話也要向孩子表達自己的愛，如此一來孩子就能感到被重視。

必須注意的是，我們往往認為大人正在忙工作，小孩理所當然要忍耐。小孩知道父母忙於工作，就會開始察言觀色，自動當個好孩子。雖然心裡渴望得到父母的關愛，但是為了不給他們造成困擾，只能忍著不表達真實需求，愈是好孩子就愈是壓抑。如此一來，父母會以為既然孩子都沒開口抱怨了，應該沒關係，於是小孩就更理所當然地忍耐下去。這個狀態看似穩定，其實只是把問題往後延。

孩子的內心經常感到寂寞，逐漸累積成壓力，總有一天一定會引爆。他其實很想對父母大喊「多關心我一點」、「多愛我一點」。要回應小孩的心意，有時間並不是必要條件；反過來說，有些父母時間很多，卻不擅長向小孩表達自己的愛。即使只有一句「你是爸媽的寶貝」，或者偶爾抱抱他，就能讓孩子獲得勇敢做自己的力量。

父母一方面扮演關愛孩子的角色，同時也要管教小孩，對孩子有所要求或限制，扮演壓抑小孩慾望的角色，因此任何人對自己的父母都會有正面與負面情緒。即使腦中對父母只有憤怒與憎恨，但只要將負面情緒抒發出來，埋藏在深處的正面情緒就會隨之浮現。不過，人類處於強烈負面情緒的當下，由於內心被負面情緒淹沒，無法感受到正面情緒，因而出現問題行為。如果不好好釋放負面情緒，內心將永遠帶著怒氣與恨意，人生也會過得很辛苦。因此，適時表達負面情緒是絕對必要的。

山本在信中一吐對哥哥的恨意，反而讓他想起哥哥在會面時的淚水，感受到大哥的溫柔與心意，藉此逐一梳理了與家人的關係。

◆說出真心話才能覺察問題的根源

爾後，山本也寫了一封信給自己的伴侶，誠實表達出歉意，內心也獲得更進一步的整理。

以下是他上完最後一堂課所寫的課後心得：

課後心得

這七堂課用一句話來形容就是非常暢快，彷彿把人生重新走過一遍。活了五十幾年，我從未如此徹底回顧自己的過往，直到第一次寫下對大哥的恨，寫完之後不知爲何感到如釋重負。這些被塵封的回憶，我從來沒對我的伴侶、醫生甚至母親說過，只有對老師才說得出口，我終於知道誠實面對自己有多麼重要。而改善指導（本課程名稱）讓我把一直以來的內心黑暗面都清理乾淨了。

小時候父母總是爭執不斷，搞得家裡烏煙瘴氣，讓我非常厭惡。雖然我在最一開始的文章寫到父母的愛讓我衣食無缺，但我這才發覺用金錢給的愛並不是愛。我眞正想要的是，在一個平凡的家裡，全家人聚在客廳放鬆閒聊，感受到彼此話語中的溫暖，共度團圓的時光。

現在回想起來，我似乎從小就在追尋某種指引，最後找到的卻是毒品。只要我吸毒，大家就會把我當成團體的一分子。只要和大家在一起，我就不會感到孤單，還能沉浸在優越感裡。現在想想，我應該是爲了逃避才去吸毒。而我想逃離的，就是寂寞吧。

（中間省略）

我殺了人，即使是未遂，動手殺人的罪行永遠不會抹滅，這輩子必須背負這個罪名活下去。我想好好珍惜所剩的人生，做些有意義的事，再到九泉之下見父母。所以我要改變，有一天能以全新的自己離開這裡。

人一旦講出壓抑已久的真心話，就會感到如釋重負，有了這股感受才能面對內心的問題。

這裡有一個不容錯過的重點，山本之所以覺察到自己的內心並不是我教他的，我做的只是貼近他的心。如果他不試著寫下這些文章，恐怕一輩子都不會覺察原生家庭的問題，更別說染上毒品的真正理由。換句話說，他是靠著自己的力量找出為何犯罪的原點。可想而知，最後那句「我要改變」的決心絕非只是表面工夫。

◆不斷強裝開朗的受刑人

案例❷　高山良夫（化名）近六十歲

罪名◯殺人

成長歷程

父親是工匠，家中有五個兄弟姊妹，高山排行老三。父親個性溫和，但缺乏魄力，母親則善於社交。家境貧困，長男因多次竊盜被送進少年院。國中時期的他非常活躍，是班上的風雲人物。畢業後從事建築相關工作，也曾在餐飲店上班，經常換工作。爾後和長男同樣因多次竊盜進入少年院。成年後因施暴、詐欺恐嚇首次入監服刑，出獄後犯下殺人未遂罪再度入獄。第二次出獄後生活全靠母親接濟。年近三十歲與當時認識的女性結婚。

犯罪原委

無業，生活仰賴妻子。已婚身分卻與住在隔壁的女高中生愈走愈近，進而發生性關係。他不滿該名少女的交友狀況，經常起爭執。最後受不了少女叛逆，在憤怒與絕望下動手殺害對方。

從這份檔案中，我們能為高山建立哪些「假設」呢？針對雙親關係，從「父親個性溫和，但缺乏魄力，母親則善於社交」的敘述來看，一家之主應該是母親，而且比父親強勢。

我在意的是「家境貧困，長男因多次竊盜被送進少年院」這段描述。父親從事的工匠一職並不是一份穩定的工作，加上有五個小孩要養，家中經濟狀況應該非常差，長男之所以多次偷竊想必與貧窮有關。

值得注意的地方是，長男的犯罪情況已經嚴重到移送至少年院，之後的文章會提到這件事在高山就讀的學校裡傳開，盡人皆知。照常理思考，他就算因此遭到霸凌也不奇怪，然而當時的他卻「非常活躍，是班上的風雲人物」，可以想像他一定很努力勉強自己表現得活潑開朗。也就是說，高山也曾經是個「好孩子」。

國中畢業後開始工作賺錢，但是每個工作都做不久。經常換工作也是受刑人的常見情況，他們的理由是「討厭工作」，但其實再與之深聊就會知道，辭職原因幾乎都是職場人際關係出問題。容我再複述一次，在兒時親子關係中無法向父母坦誠表達情緒的人，出了社會都不善於處理人際關係。他們從來沒好好向父母撒嬌過，也不知該如何適時依賴他人。他們的心房是緊閉的，人際關係當然不可能順利。

高山後來和長男一樣因多次竊盜被送進少年院，從二十歲成年[14]到年近三十結婚的這段期間，經歷首次入監服刑、因殺人未遂再度入獄，短時間內屢次犯下重大事件。由此可推想，他在成年前所累積的煩惱與痛苦已經相當巨大。從小時候到二十歲這麼長的時間，他拚命壓抑的情緒成為龐大能量，並且連續引爆，才導致這些事件。

犯罪原委中的「無業，生活都仰賴妻子」或許會讓各位認為「只靠老婆養，真是個差勁的傢伙」，當然這是事實，但有件事我們必須先有所認知——愈沒自信的人，愈放不下身段。從小在父母關愛下成長的人，因為父母願意愛「真實的自己」才會發展出自信；相反的，絕大多數受刑人從小就缺乏雙親的關愛，不知道有人願意接納「真實的自己」是什麼感覺。他們其實毫無自信，但若被發現自己其實很自卑是一件極丟臉的事，所以表現得更加逞強，自尊心也更加膨脹，理所當然放不下身段。

高山在國中曾經備受班上同學肯定，正因為有過輝煌時期，當他仰賴妻子鼻息，可能會認為「我的成就不應該只有這樣」，同時對無可救藥的自己充滿厭惡，感到苦惱、煩悶，無法原諒遊手好閒的自己。而把他從痛苦中拯救出來的，或許就是那名女高中生。然而，心理狀態不穩定的高山與正值多愁善感年齡的女孩不可能順利交往，才會在關係破局時引發事件。

◆老師粗心的言行與學長的暴力

高山在第二堂課的課後心得寫下痛苦的過去。當時我給他的題目是「小時候難過的事」，一如預期，他寫下檔案中家境貧困的情況，也提到自己因為班導的一句話而深深受傷的往事。

小時候難過的事

很遺憾的，小時候讓我印象最深刻的不是什麼好事，我只想到家裡很窮。國小的時候，班上同學都說我是家裡領低收補助的小孩，讓我很痛苦。班導曾當著所有人的面前說：「你們幾個（全班五十幾人，包含我在內兩三名），國家政府可是特地爲你們準備了課本，所以就算家裡再窮也要認眞念書，知道嗎？」雖然當時我年紀還小，我也不認同這句話，更不懂班導爲何要在所有人面前讓我如此丟臉。

事實上，在那之後班上同學不分男女對待我們幾個人的態度都變了，非常明顯，全班開始歧視我們，就像看到「怪胎」一樣。小孩世界的歧視既眞實又殘酷，劇烈地刺痛我的心。我的個性好強，儘管大家的態度轉變，我仍然裝作若無其事，一如往常過日子，也從不讓家人甚至任何人知道這段過往。但小時候的這段經歷就像心理創傷，至今仍烙印在我的內心深處。

從高山的文章可看出，老師的一句話對他的內心造成巨大傷害，他也感受到班上氣氛因而改變。我們必須深入解讀的地方是：「儘管大家的態度轉變，我仍然裝作若無其事，一如往常過日子，也從不讓家人甚至任何人知道這段過往。」一是他其實很痛苦，卻刻意壓抑自己的感受，或勉強自己不要有感覺。二是，他寧可獨自煩惱與痛苦，也不願意找人聊聊。

之後我與高山面談，我提到這篇文章，對他說：「（老師的那句話）你一定很受傷吧？」聽到我這麼說，他突然哽咽起來，眼眶泛淚，告訴我一件事：「因為我哥進了少年院，老師對我說：『你就是那個高山的弟弟啊？』所以其實一直到國中我都被霸凌。我明明安安分分過日子，為什麼非得遭受這種對待！」他按捺不住憤怒。我運用角色書信療法，請他回到小時候的自己，把想對老師說的話寫下來。他寫下一封長信，以下摘錄部分內容：

小時候的我寫給數學老師

升上國一的第一堂數學課，你要我們每個人在課堂上自我介紹，你記得當時你對我簡直白目到極點嗎？那時大家都還不認識，對彼此很感興趣，互相猜想著眼前的同學會是什麼樣的人。

輪到我自我介紹完後，你居然很沒禮貌地指著我：「你就是那個高山的弟弟啊？」你當下的表情、眼神、口氣，不只讓我，更讓全班同學內心一驚，下一秒所有人的目光都聚集在我身上。你那句話任誰都聽得出來言下之意是：「你哥哥是不良少年。」接著你擺出一張不悅的臉，不發一語在我身邊走來走去。你的話語、表情、動作讓我瞬間成爲這個新班級的異類。

發現自己班上有「不良少年的弟弟」讓你這麼困擾嗎？我明明這麼努力認眞過日子，我跟我哥一點關係也沒有……因爲你的一句話，我後來好一陣子只能獨來獨往（之後高山還寫下對老師的不信任、家中貧困、在少年院的哥哥很溫柔等過往）。

老師，你是不是只會一笑置之呢？如果我突然反抗呢？你是不是會說「果然不良少年的弟弟也是不良少年」，就這樣帶過呢？我最痛恨你這種人！

閱讀高山的文章，我理解到他因為老師沒神經的言行而深深受傷。我問他是否曾向人訴說內心的痛苦，並且請他將被老師以外的人傷害過的經驗寫在筆記本裡，他寫下多次遭受學長暴力相向的過往：

被學長施暴

老師針對上次的文章問我：「小時候有沒有人可以聽你說這些痛苦的事？」這麼一想，我幾乎不會對任何人說過，因爲我覺得說出來「很丟臉」、「會被看扁」，所以一直忍在心裡。

除了上次那個數學老師，老師問我還有沒有其他類似的事，要我順便寫下來。其實在小學高年級到升上國中前，我曾被一個大我很多歲又不講理的人（大我四歲的大哥的同學）霸凌。一開始是他先不懷好意地對我說：「你哥是小偷，現在被送去少年院了吧？」我立刻察覺到他把我哥當笑話，所以不發一語轉身就走。結果他居然變本加厲，把哥哥講得很難聽，還一直跟在我後面糾纏。我也有點火了，停下腳步回頭瞪他一眼，他似乎被我觸怒，用大人的力道猛力往我頭上敲，我還是繼續瞪他，他又往我頭上敲了好幾次。後來很長一段時間只要在路上遇到他就會被打，或被扔石頭。

這個痛苦回憶其實我根本不想說出來，但是老師您問了，我就動筆寫下來。每當老師開口問我，不知爲何我就是會想告訴您以前從來沒跟任何人提過的往事。您眞的非常擅長「接納對方的情緒，再引導他傾訴」，所以我才會向您坦白這麼多。不過，把這些事寫下來後心情變得輕鬆很多，眞是不可思議。

高山從未向人傾訴煩惱與痛苦，總是獨自忍耐，說不出口的原因是覺得「很丟臉」、「會被看扁」。這和所有遭受霸凌卻無法說出口的孩子是一樣的，現在的小孩也認為講出自己遭到霸凌很丟臉，或者不想被當作弱者，尤其受到父母嚴格「管教」的孩子更認為自己必須「好好振作」、「不要抱怨」、「要更堅強」而不敢開口。大人理當認為「教養好」的特質，有時反而會讓孩子的內心更加痛苦。

以高山的情況來說，家境貧困對他造成很大的影響。看到父母為了這個家勞心勞力的模樣，自然覺得不能給父母添麻煩，努力扮演好孩子的角色，再加上哥哥進入少年院，更是強化了好孩子的一面：「哥哥進了少年院，那至少我應該懂事堅強一點。」而從「小時候的我寫給數學老師」的信提到「我明明這麼努力認真過日子，我跟我哥一點關係也沒有」來看，他恐怕一直要求自己「要跟哥哥不一樣」，刻意表現得活潑開朗，檔案之所以描述他「非常活躍，是班上的風雲人物」應該就是出於這樣的理由。

從高山的兩篇文章，我想強調的是他提到自己的心境轉變：「把這些事寫下來後心情變得輕鬆很多，真是不可思議。」把說不出口的過往表達出來，就能釋放長年壓抑在心中的負面情緒，因此高山和山本一樣感到「如釋重負」。一旦將原本深藏在內心的負面情緒一一吐露出來，就能減輕心理負擔，一步步接近問題的根源。

◆只有道歉才是代表「贖罪」的語言嗎？

來上我的課的都是犯下殺人罪（包含殺人未遂與傷害致死）的受刑人，我會要求他們寫下「我寫給被害人」的信，而且內容不能只是道歉，必須告訴被害人自己出了社會打算如何立足（雖然大部分還是會寫成悔過書）。

多年來，我讀過大量受刑人的「我寫給被害人」的信，其中將自己的複雜心境描述得最完整的，就數高山的這封信：

我寫給被害人

老師出了一項作業叫「我寫給被害人」。老實說，我還沒整理好自己的心情，即使已經過了十幾年，對我來說就像昨天才剛發生一般，在我心中永遠不會消失。我做出如此惡劣的事，那個女孩現在已經不在人世。我在內心崩潰的狀態犯下如此可怕的事件，我已經搞不懂我自己，甚至覺得自己根本不配做人。所以我沒有辦法寫信給被害人，連寫信的資格都沒有。做出如此惡劣的事就不要妄想還能整理心情、重獲新生，更何況做出這種事的就是我自己。

（中間省略）

明子（化名）曾經在我的身邊，我知道她的很多事情，包括她的個性、喜好、夢想、人生目標，而她的一切都被我一手抹滅。我一直把她當成我的家人、我的分身，事到如今我要怎麼提筆寫信給她？她一定很想活下去吧？她根本不想死啊！一定還想體驗很多事情：圓夢成爲歌手或藝人、做很多有趣的事、吃很多美食、盡情玩樂、盡情旅行，一定還有很多很多想做的事，而這一切全都被我剝奪了。我沒有辦法寫信給明子。明子的魂魄恐怕現在仍然停留在世上的某處。一個「活得好好」的人某天突然被奪走生命，一定無法好好安息。我一直感到很無力，眞的太悲哀，太可憐了。我沒有辦法寫信給明子，對不起……

說難聽一點，一句「真的很對不起」這種道歉話，任誰都寫得出來，但是高山卻坦言連寫下這句話都做不到。從文中可以明顯感受到，他徹底從加害人的身分轉換到被害人的立場，把自己當作那位喪失性命的女孩，寫下內心有多麼悔恨與不甘。或許有讀者認為他應該好好向被害人和家屬道歉，當然他必須自覺對不起被害人，但是比起寫下千百次制式的道歉，還不如坦誠說出內心真正的感受。這篇文章已經表達他對自己犯下的事件，將懷抱著一輩子也無法贖罪的無力感度過餘生，這就是他贖罪的方式。

以下是高山上完所有課程後寫的最後一篇文章。而最後一堂課就是第二章提過，將上課情形對外公開的示範教學課，其他矯正機關的教官、監獄官也在場。

◆根源是小時候母親說過的話

所有課程結束後

老師，在這段短短的期間，眞的非常感謝您教我這麼多，不只是課程內容，還包括我個人的事情，很謝謝您。您比誰都還坦率自然、忠於自己，所以您說的每句話都很有說服力，也很眞，像我這種「不太信任人」的人都聽得進去。

我一直認爲敞開心房相信對方，總有一天會遭到背叛，只會讓自己更受傷，所以我把心門緊閉。過去我所遇到的人只會對我講大道理或頤指氣使，但是老師您完全不會，您會跟我說眞話，也不會不懂裝懂，是就說是，不是就說不是。

這堂課一開始我很緊張，但很神奇的是進行到一半似乎就恢復以往的氛圍。我想是因爲老師看起來一點也不介意其他外人在場，所以我們也在不知不覺中找回以往的上課狀態。仔細想想，不管周圍的人如何，我都還是我，不會有任何不同對吧？從您身上我學到沒有必要太在意他人眼光，像您這樣以坦率自然、忠於自己的態度面對人生也很好。今後我也想慢慢朝這個方向努力。

（中間省略）

有一件事我沒有寫在筆記本裡。我從小聽著母親對我說「好好加油」、「再試一次」、「不能輸喔」這些話長大，而我也一直如此，結果自己給自己壓力，變得鑽牛角尖。

我沒寫在筆記本裡的是，我的母親是一個自尊心很強的人，從小就不斷告訴我「不要抱怨」、「是男生就不准哭」、「不要輸給別人」、「不要像你爸那樣一事無成」。小孩都把父母的話當聖旨，我也在不知不覺中告訴自己是男人就該如此，最後變成一個不和人商量煩惱、不訴苦、獨自忍耐、努力到極限的人。

如果可以更早知道凡事不要一個人煩惱，可以適時依賴他人，找人商量、向人傾訴，或許就不會發生這次事件了。

文章開頭那段稱讚我的話實在不敢當，但是我刻意保留下來，因為當中提到協助者必須具備的特質，借用高山的說法就是「忠於自己」。他描述自己「不太信任人」，其實大多數受刑人都是如此，因為他們都有被人傷害的經驗。被人傷害過而無法敞開心房，那麼就更應該讓他們體會不會被傷害的感受。而要做到這點，協助者必須先接納真實的自己，也就是從「忠於自己」做起。

受刑人都會「過度」小心觀察眼前的所有人，對於那些頤指氣使的人，他們的心絕對是緊閉的。他們確實是罪犯沒錯，但是協助者不能把他們當作罪犯，而是以對等的立場將對方視為「一個人」。因為對等，才能互相傾訴真心話。只有讓他們說出（寫下）真正的想法，才能協助他們覺察自己的內心。唯有覺察自己的內心，人才可能改變。

高山從我身上學到「忠於自己」，同時發現自己身上有著母親管教的影子，並且覺察無法依賴他人的根源所在。我們可以期待他的價值觀一定會有所轉變。

下定決心和反省都是必要的，但唯有覺察犯罪的根源才可能改變人生觀。

若人生觀一如從前，他們將再次親手鋪設通往犯罪的道路，也無法發覺自己的決心與悔意都逐漸薄弱，這就是重蹈覆轍的原因。

● 14 日本成年年齡為滿二十歲。

「痛苦的過往」不能視而不見

「好孩子」與犯罪的距離

第4章

Chapter 4

「つらい過去」に蓋をしてはいけない

いい子に育てると犯罪者になります

◆從未面對內心的酒井法子

我之所以認為酒井法子從未面對自己的內心，是因為她的著作《贖罪》（二〇一〇年　朝日新聞出版）中的一段話，以下為節錄：

我這個人本來就很習慣看別人臉色，也不是跟誰都能敞開心房聊天的個性，所以夫妻兩人才會面臨如此嚴重的問題。我也很想找人商量，但卻做不到。腦中浮現過很多人的臉，但是誰也說不出口。

（二〇九至二一〇頁；底線爲筆者標記）

從這段話可以看出三個問題。首先是「本來」，這會讓人以為她與生俱來就是如此。任何人剛出生都是小嬰兒，世界上哪有會看人臉色的小嬰兒？因此她必須思考自己為何變得必須看他人臉色。

再來是她說自己「不是跟誰都能敞開心房聊天的個性」，這和「本來」的問題一樣，她認為自己天生就很難和人傾心交流，並且把一切歸結於「個性」，結果就是無法深入了解自己。

最後她提到「很想找人商量，但卻做不到」，如果她就在我的面前與我面談，我一定會反問她：「為什麼做不到呢？」我猜她的回答一定是：「因為我的個性就是這樣。」那麼問答就只是在原地打轉罷了。她想要「贖罪」，但卻沒有明確點出理由，這表示她完全不了解自己內心的「重大問題」。其實答案就在她所寫的文字裡，但是書寫過程中她卻渾然未覺。

靈性心理師威廉．瑞能（William Rainen）[15]給酒井的建議如下：

想要擁有美好的未來，重點是解放負面的過去。有一個簡單的訣竅是停止思考「爲什麼」。

「爲什麼會發生這種事？」

「爲什麼我會做出那種事？」

「爲什麼事情會變成這樣？」

任何人都容易陷入這樣的思考模式，但是不斷試圖找出合理理由，只會讓人一直活在過去。

（二〇一三年《瑞能老師教你如何放手「痛苦的過往」》主婦之友社　六七頁）

酒井如此回覆瑞能的建議：

如瑞能老師所說，回顧過去究竟能爲現在的我帶來什麼幫助呢？一想到這裡我就不知該如何是好。

美好的過往確實值得回憶，但是回想痛苦的過往只會讓自己陷入憂愁與煩惱，無濟於事。我只能帶著感謝的心往前邁進。

（同書 二一二至二一二頁）

這段話展現出積極正向的態度。雖然這樣的心態很重要，但是在此之前如果沒有真正面對痛苦的過往，這些積極正向只是暫時的。回顧過往不代表一直活在過去，反而是為了活在當下與未來。逃避回顧痛苦的過往，代表她覺得過去的自己很糟糕，人一旦如此認定，就會習慣一直自我否定。但要真正「解放負面的過去」就必須正視過去，接納曾經很糟糕的自己。

她所說的痛苦過往，應該就是指吸毒遭到逮捕的事件，當時一定是她人生最痛苦的時期。而那個痛苦過往的背後其實也有著「痛苦過往」，就是小時候。唯有面對這件事，她才能真正放手那個事件。

點出前述三個問題前，我已經有覺悟會被人批評「狠心」，然而她那「不是跟誰都能敞開心房聊天」與「很想找人商量（煩惱），但卻做不到」正是導致犯罪的關鍵因素，而「看別人臉色」則會造成壓力不斷累積，因此她有必要理解究竟成因為何。缺乏對自我的理解，只是一股腦兒積極向前是很危險的。

酒井法子為何變得無法和人商量煩惱？又為何非得看他人臉色？這些答案一定都在小時候。她必須先面對自己的小時候，否則可能重蹈覆轍。如果沒有正視自己的小時候，她的價值觀不論犯罪前或現在都不會有任何改變，更進一步說，她就是典型的毒品累犯，以下會說明理由。

◆毒品累犯的典型模式

二〇〇九年八月八日，酒井法子因涉嫌違反《覺醒劑取締法》遭到逮捕。

同年十一月接受一年六個月有期徒刑、緩刑三年的有罪判決，並且不再上訴。緩刑於二〇一二年十一月二十三日期滿，目前已復出演藝圈。

酒井法子當年以少女偶像之姿出道，暱稱「小法」[16]，受到許多歌迷喜愛。她就像個陽光開朗的少女，為我們帶來活力。二十歲出頭主演連續劇《一個屋簷下》（一九九三年　富士電視臺）、《白色之戀》（一九九五年　日本電視臺），逼真的演技感動了無數人。尤其是《白色之戀》，除了擔綱女主角，更演唱主題曲《碧綠色的兔子》，成為她的首張百萬金曲，也讓她在出道第九年登上紅白歌合戰舞臺。

酒井在二十七歲結婚生子後持續以「媽媽偶像」的形象活躍於各領域，在海外也有眾多粉絲。年過三十仍以陽光開朗、充滿活力的女性形象撫慰大眾心靈。形象如此正面的她卻染上毒品，「陽光開朗且充滿活力」與「做出吸毒行為」間的落差過大，這起事件因而在日本引起一片譁然。

事件發生後，她在二〇〇九年九月十七日交保當日，於東京都的飯店召開記者會，向社會大眾道歉。隔年二〇一〇年年底出版《贖罪》一書。根據她在

〈前言〉所述，出版此書的目的是：「我想了很久，雖然很痛苦，但是我必須面對和事件有關的一切，也應該盡可能向社會大眾說明。」（六至七頁）

不過實際讀了《贖罪》，我發現她並未真正面對事件，也並未面對自己。針對事件只是不斷重複道歉，並反覆強調堅定的決心。書中雖然提到小時候，但是要避免再犯，她還必須面對一件「重要的事」，對此她卻未能覺察。

重回演藝圈後，她於二〇一三年十月出版《瑞能老師教你如何放手「痛苦的過往」》。如前所述，這本書寫滿積極正向的話，但是她並未真正面對痛苦的過往，只是選擇放手。我會在本章仔細說明何謂真正面對痛苦的過往。

我曾多次與使用毒品的受刑人接觸。從我的經驗來看，酒井法子過去所有文字（包含記者會上的發言）都與典型的毒品累犯有相同的行為模式。她所寫的《贖罪》包含兩大部分，第一部分是道歉記者會的詳細內容，另一部分則是她的「自傳」，一路記載從小時候到踏入演藝圈，再到事件發生的過程。

她在《贖罪》裡寫到的吸毒理由與記者會上的發言大同小異：

我是一個軟弱的人。雖然我早就有所認知，但這次事件才讓我眞正理解到，原來我比自己想的還要軟弱。

我好想要更堅強，在遍體鱗傷之前能夠果斷說不，但我就是太軟弱了。

這一切不能歸咎於環境，也不能怪罪他人引誘，因爲決定碰毒的是自己。過程中其實我有冷靜判斷的機會，可以踩煞車，讓這一切懸崖勒馬，但我就是不夠堅強。

（一八七頁）

「因為我太軟弱」是所有吸毒犯常說的一句話。酒井提到染上毒品的理由時，只是一味強調自己「是一個軟弱的人」，她的邏輯是「軟弱的人」→「不夠堅強」→「想要更堅強」，乍看之下理所當然，但是從犯罪心理的角度來看其實很危險。所謂危險是指「因為我很軟弱，所以要成為堅強的人」的思考模式。

為什麼成為堅強的人是危險的想法呢？因為堅強的人的價值觀是「絕不訴

苦」、「好好振作」、「很能忍耐」。這些想法固然重要，但換個角度就是再辛苦也要強裝開朗，有煩惱就要獨自面對，有壓力也要往心裡吞，換句話說是一種不斷給自己壓力的生存方式。

為了不將手伸向毒品，忍耐確實有其必要，但若不是「良性忍耐」是無法持續下去的。「忍耐」和「壓抑」就表面行為來看或許一樣，但是心裡感受卻大不相同。「惡性忍耐」就是壓抑，而壓抑久了終有一天會爆發（＝犯罪），這就是所有毒品累犯共通的行為模式。因此，忍耐必須是「良性忍耐」，而酒井是屬於「惡性忍耐」。

「良性忍耐」要成立是有條件的——解放自己的「苦」。具體來說就是向人撒嬌、依賴別人、把痛苦說出來、展現自己的脆弱面、承認自己的軟弱，然後接納真實的自己。

你是不是也打從心裡認為「很能忍耐」是好事呢？一味忍耐就會變成壓抑，一如第二章所說，孩子們在學校之所以能好好上課，是因為有下課時間、午休時間、放學時間，在這些空檔可以和朋友打鬧玩耍、釋放壓力。對孩子而言，家如果是個能夠放鬆的地方，回到家就能好好充電，讓自己得以每天開開心心去上學。相反的，如果一回到家就被父母唸「認真一點」、「要有規矩」、「不要這麼懶散」，就得隨時綳緊神經，肯定會身心俱疲。家，必須是讓孩子能夠安心放鬆的場所，他們才能精神飽滿地面對外面的世界；大人也一樣，正因為在家裡能獲得充足的休息，才得以更努力工作。

◆「堅定的決心」是靠不住的

酒井還有另一個危險的想法，請看以下這段文字：

很多人都擔心我會不會又將手伸向毒品。雖然我自己說可能沒什麼說服力，但是我很清楚知道這是絕對不可能的。

我理解毒品再犯率很高，也知道很多人都說只要把毒品放在眼前，就會伸手碰它。正因如此我更要發誓，即使有人主動拿給我，我也絕不重蹈覆轍。

（二一一頁）

我已經說明過危險的理由，就是表示「絕不重蹈覆轍」的堅定決心。不只毒品犯，犯下竊盜、殺人罪的受刑人出獄時都會說「我絕不再犯」、「我絕對不會再回到這裡」，他們口中的堅定決心我是完全不相信的，因為堅定的決心也代表著壓抑。況且我們聽到受刑人這麼說，就會進一步提醒他：「絕對不能再碰毒哦！要是再碰，可就吃不完兜著走。」如此一來，當他遇到困難，也很難將煩惱或痛苦說出口。

我的措辭或許太激烈，但是受刑人之所以出獄時只會說「絕不再犯」，是因為服刑期間他們「什麼都沒有想」(沒有面對自己)。如果問他們「今後打算怎麼過日子」,他們只會回答「總之我會努力」,因為他們什麼都沒在想。

每當聽到受刑人說「我會好好努力」,我一定會向他確認:「那你打算怎麼努力?」最危險的回答就是「一個人好好努力」、「不要依賴他人」。一個人再怎麼努力也無法只靠自己活下去,不要說是受刑人,過著一般生活的我們也得靠著與他人聯繫才能繼續努力,否則遲早會倒下。

真正能成功更生的受刑人不會把堅定的決心掛在嘴邊,而是會表達他的「擔心」,因為這才是他的真心話。不只受刑人,所有想改變自己的人、希望人生重新來過的人都會感到擔心。當他們表達自己的擔心,我們卻講些大道理:「別說這種喪氣話,振作一點」,他們也只能一味表達堅定的決心。但正是因為一再被要求展現決心和反省,才會讓人變得更壞。

他們會擔心出獄後能不能和人互相扶持活下去、遇到痛苦時有沒有辦法開口向人求助、交不交得到傾訴心事的朋友、是不是真的能展開全新的人生,擔心是理所當然的。比起展現堅定的決心，表達出擔心的受刑人才能成功更生。

◆染上毒品是因為「需要」

酒井描述第一次吸毒的情況如下：

我偶然發現我先生在吸毒，他覺得很尷尬，所以邀我一起用。

如果當時我果斷拒絕他，告訴他吸毒是不對，不知該有多好。但是，當對著你說「要試試看嗎？」的人就是自己最信任的人，當邀請你的人就是自己最重視的人，即使是再危險的東西，我想任何人都不會有所警覺，輕易就將手伸過去，而這就是我吸毒的理由之一。

（一八七頁）

文中的「輕易」實在是過於舉重若輕。只要是人，都會害怕孤單，特別是受刑人大多在小時候深刻體驗過孤單，正因為害怕孤單，往往會選擇維持一段危險關係。酒井說丈夫是「最信任的人」、「最重視的人」，若是如此，她的內心一定潛藏著「萬一拒絕，先生可能會離我而去↓我好害怕孤單一人」的恐懼感。我認為毒品是她為了與丈夫維繫關係的「必需品」。

以下這段敘述也值得注意：

我沒想太多，就因爲自己太軟弱而將手伸向毒品，結果演變成逃避日常生活壓力的替代品，逐漸深陷其中。即使理智上很清楚知道這是不對的，但卻無法想像後果竟是如此糟糕。

（一八九頁）

依照我前面的分析，「逃避日常生活壓力的替代品」應該改為「掩蓋日常生活壓力的必需品」。她不是逃避，而是需要，所以自己選擇吸毒。我這麼說或許太嚴厲，但犯罪的人必須承認自己的所作所為是有意識的行動，這才叫面對自己所犯下的罪。

那麼酒井的壓力源究竟是什麼呢？

我的家庭生活開始荒廢，連續好幾天都睡過頭，早上來不及幫兒子做早餐，甚至害他上學遲到。拜託公婆幫忙照顧兒子的次數愈來愈頻繁，和母親也愈來愈疏遠，我感到很內疚。

家裡經常一片凌亂，我已經很努力整理了，一回頭東西又散落一地。看到用心打掃的房間一下子又亂七八糟讓我好沮喪，這時我就會和先生吵架。

夫妻爭吵、生活荒廢、使用毒品，我已經分不清楚哪件事先發生，又是怎麼愈演愈烈。唯一能確定的是，吸毒的那段期間，原本就很糟糕的夫妻關係與生活狀況又更加惡化。

（一八三頁）

她首先提到育兒壓力。關於她的成長背景後續會有更詳細的描述，她受到管教嚴厲的第一任繼母與「相處最久的第二任繼母」（七九頁）影響至深。從小受到嚴格管教，導致她打從心底認為做人就是要「自立自強」，做事也該「有條有理」。若是如此，想必她對沒有好好照顧小孩感到相當自責。此外，她說自己「不是跟誰都能敞開心房聊天的個性」，所以肯定是獨自煩惱，讓壓力不斷累積。

房間凌亂也對她造成不小的壓力。我推測她應該是近乎潔癖的愛乾淨，這是受到「相處最久的第二任繼母」影響。她形容這位繼母「不但長得漂亮，又愛乾淨，因為父親也愛乾淨，她總是把家裡打理得一塵不染」（七九頁）。或許是第一任繼母的嚴格管教，再加上第二任繼母的「愛乾淨」，導致她有完美主義。而這樣的人一旦「看到用心打掃的房間一下子又亂七八糟」，內心的焦慮、無力感，以及自責一定是超乎想像的強烈。

她丈夫（高相祐一）的個性又讓她的壓力更大。自她出道以來便長期採訪她的記者渡邊裕二，形容高相「是個遊手好閒的公子哥，婚後生活完全靠酒井在演藝圈的收入，當個小白臉」（二〇〇九年《酒井法子　孤獨的白兔》雙葉社　一五四頁），由此看來，她的丈夫應該個性散漫。若是如此，這對夫妻一個是「稍微亂一點也沒關係」，另一個是「無法容忍一丁點的凌亂」，會發生衝突也不意外。而且，夫妻倆不但價值觀不合，丈夫還是個「小白臉」，或許酒井在內心深處根本無法忍受這樣的老公。

事件發生的當下，渡邊記者如此描述：

回到家就看到老公不去工作，無所事事，還染上毒癮。相反的，身爲妻子的酒井爲了生活，白天在演藝圈努力工作，回到家用心教育小孩。如此全心全意爲孩子付出，但面對遊手好閒、整天貪玩的丈夫也只能目瞪口呆。

酒井的壓力源不只家庭，還來自必須設法維持一線偶像的地位。

她其實很排斥讓人看到自己脆弱的一面，所以絕對不可能主動向人訴說家裡的問題。

一位和她熟識的影片製作公司導演說，有時在片場看到她鬱鬱寡歡的樣子，開口關心她「怎麼了」，她只是擠出笑容回應「沒事啦」。酒井無論何時絕不讓人看到她的軟弱與煩惱，是個內心強大的人。

(同書，一八五至一八六頁，底線爲筆者標記)

「酒井無論何時絕不讓人看到她的軟弱與煩惱」，在旁人眼中「是個內心強大的人」，但這完全錯誤，「內心脆弱」才是她的真實寫照。真正內心強大的人會敞開心房，訴說自己的煩惱與痛苦，並從他人身上獲得能量（＝愛），唯有如此，心靈才會強壯（＝內心堅強）。

酒井法子和宮本亞門一樣練就了強顏歡笑的行為模式，不論內心再痛苦、生活再辛苦都會擠出笑容，而這對她造成龐大的壓力，她本人恐怕未曾察覺。

為什麼她養成獨自忍受煩惱與痛苦的個性呢？我們可以從她寫的《贖罪》找到線索。若想徹底與毒品斬斷關係，她必須好好面對自己的小時候。

◆在人前無法展現真實自己的根源

酒井法子於一九七一年出生在福岡縣，出生不久雙親離婚，她被暫時寄養在佐賀縣的寺廟，之後由住在埼玉縣的姑姑收養，爾後隨親生父親回到福岡。

成長過程中她一直認定姑姑和姑丈是親生父母，直到升上小學一年級，姑姑對著七歲的她說：「法子，**妳不是我們親生的**，妳真正的父親想把妳接過去一起生活，妳打算怎麼做呢？」（六八頁）還是小小孩的她，當下反應是「突然被告知這件事，還要我決定怎麼做，我根本答不出來」（六八頁）。她當時心境如下：

雖然我年紀還小，但這件事對我造成很大的打擊，我心裡覺得很寂寞，卻只能暗自難過，冷靜面對自己的遭遇。於是我轉換想法，告訴自己還有另一個世界在等我，而這樣一想，眼前的景象也開始有所不同。我和姑姑、姑丈明明就像家人一樣相處在一起，我卻不再把他們當作一家人。一直以來他們對我百般疼愛，我卻如此無情回應他們。

（七〇頁）

從這段敘述可以找出酒井形塑價值觀的根源。任何人一旦突然被告知親生父母其實另有其人，想必會「造成很大的打擊」，更何況是一個七歲大的孩子，可想而知她感受到強烈的悲傷、寂寞、憤怒，內心不斷被這些複雜的情感折磨。她只提到自己「哭了很久」（六八頁），但看不出來是否有人安慰她。如果當時有人能讓她傾訴，接住她的情緒，或許她就不會活得這麼辛苦。

面對自己的身世，她表示「還是孩子的我，也盡我所能花時間去接受、思考」（《瑞能老師教你如何放手「痛苦的過往」》九〇頁），但悲傷、痛苦、憤怒光靠自己是沒辦法消化的，必須有人接住這些情緒。吐露完負面情緒，也有人確實接住後，才有辦法真正接受這個悲傷的事實。然而當下她自我接納的方式，卻是用壓抑封印真正的情感，用理智逼自己接受。

本來小孩遇到痛苦的事情時會向父母訴說，如今她卻無法向非親生的父母（姑姑與姑丈）開口。一個年僅七歲的少女不得不獨自承受如此悲傷的事實，實在讓我於心不忍，可以的話，我也不想看到她再度面對這些痛苦的過往。但是畢竟發生這次事件，她勢必得再次面對小時候被封印起來的負面情緒，才能真正走出來。

七歲小孩每天過著天真爛漫的日子，某天父母卻突然對自己說：「我們不是你真正的爸爸媽媽。」那會是什麼樣的心情？我想那個當下，原本打從心底以為是親生父母的姑姑姑丈，也會瞬間變得像陌生人，自己也不再是這個家的一分子，待在這裡只覺得很痛苦。她說自己「不再把他們當作一家人」是理所當然的，而這就是她無法展現真實自己（無法依賴他人）的問題根源。

◆內心的罪惡感使她成為「好孩子」

還有一個重點就在這行文字：「一直以來他們對我百般疼愛，我卻如此無情回應他們。」從她認為自己對姑姑和姑丈的態度很「無情」可知，她內心抱持著罪惡感。「他們對我百般疼愛」這句話表示她確實感受到自己被姑姑和姑丈當作捧在手心裡的寶貝，正因如此，對於疼愛自己的人卻「無情」以對，這對還是孩子的她而言就像是在「做壞事」。

其實當時的她應該好好將內心的悲傷、寂寞、痛苦統統發洩出來——「為什麼你們不是我真正的爸爸媽媽」、「為什麼親生父母要拋棄我」、「我今後到底該怎麼辦」、「我真的好難過」，有這些情緒都是很正常的，小孩子還會更強烈。但是，她居然因為自己無法再像以前一樣和姑姑姑丈相處而深感抱歉，不但沒能抒發負面情緒，甚至還被罪惡感封印起來。

一旦孩子在內心產生罪惡感，勢必會走上「好孩子」這條路。因為他們覺得自己「錯做事」，才更要當個好孩子，而這就是成為好孩子的起點。

提到姑姑和姑丈時，她甚至寫到「他們一直把我當作親生女兒，一定很難過我居然頭也不回離他們而去」（七〇頁），換句話說，她把姑姑和姑丈看得比自己還重要。一個孩子明明心裡很受傷，卻反過來擔心大人。比起自己心痛，更能體會他人（大人）的心痛。可能有讀者會認為：「小小年紀就懂得體察別人的心情，不是很了不起嗎？」明明是孩子卻像個大人，下意識表現出大人的言行舉止是很危險的。把他人的痛苦看得比自己重要，能做到這種程度的將心比心確實會獲得周圍大人的讚美，但是換個角度想，這也表示她並不重視自己——包括自己的內心，甚至生命。

◆父親與繼母強化了「好孩子」的一面

酒井升上小學二年級時搬到福岡與父親同住，那個家有親生父親、父親的再婚對象，以及剛出生的弟弟。這個階段必須先了解兩件事。

一是她對生父的情感。或許有人認為：「可以和親生父親住在一起，不是很好嗎？」這種想法太過去脈絡，講難聽一點，父親曾經拋棄過她。在得知父親的真實身分前，這個人都是「偶爾會來家裡的叔叔」（七〇頁）。或許她曾經恨過父親，如果她能在知道自己身世的當下對著父親大吼「為什麼要拋棄我」，或許悲傷和怨恨就會少一點，但是從後續文章可以得知她並沒有這麼做。這個曾經拋棄過自己的人畢竟是「父親」，身為孩子的她還是想得到父親的愛。對於父親，她的內心長期存在著被愛的渴求與恨意兩種矛盾情緒，也不知該如何和這個曾經是「叔叔」的人相處。

事實上，父親車禍過世後，她坦言「內心深處一直無法接受父親，也對他非常畏懼，明明是自己的親生爸爸，心裡卻一直有隔閡，在他面前就是沒辦法做個坦率的孩子，我對父親感到很抱歉」（一二七頁），由此可知，她不會（不能）向父親傾訴心事，但真正出問題的是她對待自己的方式。

對於自幼拋棄自己的父親，無法在他面前當個直率的孩子是理所當然，但是她卻為自己的行為道歉，明明該道歉的是她父親才對。「法子出生的時候，我有不得已的苦衷必須拋下妳，不是因為我不愛妳，真的很對不起，請妳原諒爸爸。」她的父親應該誠心誠意向她道歉才對，為什麼反倒是她要感到自責？由此可看出她危險的「壓抑模式」——明明難過憤恨，但卻隱藏起來，因為是自己不好，所以封印這些負面情緒。

除了與父親的關係，繼母的出現也值得注意，這同樣也不是「有新媽媽真好」如此單純。「新母親」突然出現在自己面前，沒有一個小孩能立刻向她撒嬌。孩子會小心翼翼地猜想「媽媽是怎樣的人」、「怎麼做才能讓她喜歡我」，而酒井心中的好孩子形象就是如此一步步強化。

繼母對酒井影響最大的是管教非常嚴厲。她在福岡的新生活過得如何呢？

這段期間，還是孩子的我也開始懂得觀察大人的臉色，但不論是爸爸還是媽

媽，我都沒辦法打從心底對他們撒嬌，可能也是因爲媽媽的個性很嚴厲，我之前從來沒被打過，但是被媽媽罵的時候居然被甩了一個耳光。

（七一頁）

用甩耳光的方式管教小孩，小孩只能乖乖聽話，當個好孩子，以免再次挨揍。即使沒有真的朝孩子的臉打下去，但只要舉手作勢就算是體罰（＝暴力）了。受到大人暴力相向的孩子，一開始都會為了不要再被打而努力學習察言觀色，當個好孩子。

這樣的小孩未來只剩下兩種生存方式，不是一路扮演好孩子，就是開始叛逆，甚至誤入歧途。酒井選擇的是前者，對於已經步上好孩子之路的她，或許沒有其他選項了。

搬到福岡之後，我變得不再吵著要零嘴吃。因爲不吵不討，媽媽就會誇獎我

「很乖」、「眞是了不起」，讓我很開心，所以我一直忍耐。相反的，一旦惹媽媽生氣，後果會很可怕，所以我總是小心翼翼，避免觸怒她。我想就是在這個階段學會如何觀察大人臉色。

（七一至七二頁）

「不吵不討」表示不會（不能）表達自己的需求，因為不會（不能）表達需求，酒井得到誇獎（＝被愛）。她是靠著壓抑真實情感來獲得被愛的感覺，這就是「有條件的愛」，而條件便是「忍耐」——只要忍耐就能被愛、不能忍耐就無法被愛，還是孩子的她，當時一定是這麼想的。

然而父母的愛本來應該是「無償的愛」，不論孩子忍耐也好、不忍耐也罷，父母都會付出自己的愛。但是對酒井而言，忍耐成為她獲得愛的唯一條件，而她也在不知不覺間封閉自己的情感，慢慢變得無法敞開心房向人訴說心事，接受他人的好意。

◆危險的「壓抑模式」

接下來我想探討酒井的壓抑模式是如何養成。關於福岡的生活，她還有以下描述：

現在回想起來，在福岡的時候媽媽其實很疼我，被罵也是合乎情理。自己當了母親後終於體會做父母的心情，更何況我不是媽媽親生的小孩，她又是用什麼樣的心情面對我呢？她一定是想當個好媽媽，用心養育我，我由衷感謝她。

（七二頁）

請注意她用「感謝」一詞。我們接著看後續的描述：

那些日子對小時候的我來說就像撐過一段難熬的季節，我甚至不記得學校的事，或許是我不想記得，選擇刻意遺忘。那段期間我覺得自己什麼都做不好，爸爸和媽媽的關係似乎也不太好。

（七二頁）

這段敘述真實表達出酒井當時的心境，對父親的矛盾情感，加上母親的嚴格管教，在福岡的生活非常「難熬」才是她的真心話。她也提到當時雙親失和，就像我在第一章舉好孩子乙生的例子，雙親感情不睦會讓孩子幼小的心靈產生莫大的痛苦。酒井處在如此痛苦的環境卻還「由衷感謝」。因為她是好孩子，不僅刻意忽略痛苦，更要求自己一定要對父母心存感激，用「由衷感謝」封印那段煎熬的時期。

這種壓抑模式在受刑人身上相當常見。為數眾多的受刑人在小時候都有被父親毆打的經驗，即使不是父親，也曾被照顧者（例如祖父母）、兒童機構職員、學校老師毆打，很難找到小時候不曾有過受暴經驗的受刑人。暴力造成的生理傷痛會轉化成心理創傷，永遠留在內心深處。當然也伴隨著憤怒，由於他們心中隨時充滿憤怒的情緒，即使只是些微的衝突也會引發龐大的怒氣。發怒對象想必不是父親，但是小時候被父親暴力相向的怒火，導致他們長大成人後發洩在眼前的人身上，而最糟的結果就是殺人。

或許有人會說：「就算小時候很氣，但都已經長大了，那些情緒應該早就消化了吧？」事實正好相反。正因為是小時候受的傷，才會一直深深烙印在心裡。這點從受刑人進行角色扮演練習就能清楚明白。

談到小時候的話題，受刑人總是輕描淡寫表示曾被父親打過。此時我會告訴他：「請你試著回到小時候的自己，如果能跟施暴的父親對話，你想對他說什麼呢？」聽到我這麼說，原本平靜的受刑人開始面露兇光，憤怒大吼：「你憑什麼打我！難道我有做錯什麼嗎？」「我要殺了你！」也有受刑人邊流眼淚邊怒吼。等到他們發洩完也恢復平靜後，我會問他們心情如何，他們大多回答：「這種感覺好奇妙，我鬆了一大口氣。」「老師，原來我的問題在這裡啊！」

盡情發洩對父親的憤怒後，受刑人都會感到心情變得輕鬆，同時找出問題根源就在小時候。從來只會傷害別人的受刑人，終於覺察問題根源是自己也受傷了，而唯有正視自己內心的傷痛，才能真正體會被害人內心的痛楚。

不過很遺憾的是，並非所有受刑人都能完全抒發負面情緒，不少人仍舊無法面對過去的傷痛。「我以前的確很氣我爸，但是他現在年紀大了，何必翻舊帳？」「父親現在都會來看我，是我做錯事給他添麻煩。」像這樣絕口不提施暴過往、只把感謝話語掛在嘴邊的人也所在多有。

因為自己犯下事件，對父親懷抱「對不起」或感謝「父親還是關心做壞事的我」，這樣的心情我能理解，只是這樣的想法並不能抵銷小時候內心所受的傷，心理的傷與生理的傷都必須全部攤在陽光底下才能痊癒。如果他們一直沒有機會將負面情緒發洩出來就這麼出獄，一半的人都會再次因某些糾紛勃然大怒，進而犯下重大事件。

酒井的姑姑和姑丈一定曾經給予她有如親生父母般的照顧，她才會強烈認為對父母要心存感謝。對父母確實要心存感謝，但同時也要正視父母對自己造成的困擾。對於已經學會當個好孩子的酒井而言，否定父母是很痛苦的，但要是無法克服這點，她將永遠無法覺察內心的傷痛。她的內心其實千瘡百孔，而且在七歲那年就是如此，此後她喪失了向人撒嬌（依賴他人）的能力，也不停壓抑負面情緒，傷口經年累月不斷惡化，如此嚴重的心傷，我想至今依然未能痊癒。

◆價值觀的一體兩面

酒井因為太想念在埼玉的家，小學五年級重返埼玉。不過距離小學畢業只剩下一個月，她又轉學回到福岡，再次與父親一同生活。而這次，是與父親和第二任繼母。

升上國中後，她聽從繼母的建議，加入學校的壘球社，那是福岡縣內「首屈一指的強隊」（八〇頁）。她撐過嚴格的訓練，搶下先發球員的位置。她提到：「社團占掉一半以上的校園生活，在球場上我了解到自己體能的極限，也練就了堅忍不拔的毅力。」（八四頁）社團活動教導她「體能的極限」與「堅忍不拔的毅力」，我不否認這點，在強隊努力不懈了三年，終於獲得先發球員的位置，確實為她帶來很大的自信。

不過她之所以展現超乎常人的努力，真正原因要追溯到小時候，獨自忍受痛苦的她培養出「不要訴苦」、「好好努力」的價值觀，而第一任繼母的嚴格管教更強化了這些價值觀。也因此，懷抱著明星夢的她十四歲進入演藝圈後靠著努力不懈、毫無怨尤，最後成為大明星。不訴苦、獨自努力的生存方式，是她獲得先發球員位置與在演藝圈大放光彩所不可或缺的，然而從另一個角度來看，我們也不能否認這樣的生存方式讓她無法適時依賴他人，最終走上吸毒這條路。

她的價值觀具有正反兩面的意義，好的面向是讓她在社團表現亮眼，並在演藝圈獲致成功，而壞的面向是導致她走上犯罪。

酒井法子吸毒的真正理由既不是「沒想太多」，也不是太過「輕易」，更不是因為自己「太軟弱」，而是沒有辦法好好依賴他人，只能藉由物質（毒品）填補內心。

◆需要的是「撒嬌力」

酒井在《贖罪》中用了好幾次「成年人」這個字眼：

我至今曾沾染毒品十幾次，即使內心感到厭惡，但就這麼錯下去直到被逮捕。我明知這是不該碰的東西，卻無法停止自己這麼做，身爲公衆人物也已經是個成年人，居然做出如此無知的行爲，我深切反省。

（五頁）

她為自己身為「成年人」卻做出「無知的行為」而深深道歉。從這段描述也可看出她認為必須當個有自覺的「成年人」。像個成年人有時是必要的，然而就像好孩子背後的問題一樣，要求自己必須像個成年人，只會讓自己不斷逞強。

談到與丈夫離婚，她是這麼說的：

我心裡很不捨。對兒子而言，我們永遠是他的爸爸媽媽。正因如此，我身爲成年人，也身爲父母，必須當孩子的榜樣才行。

（二一一頁）

她認為自己必須當個優秀的父母才行，而前面也提到她一直有「必須……才行」的完美主義傾向。這種想法非常危險，會把自己逼到絕境。一旦貫徹這種價值觀，就會不自覺地勉強自己，導致活得很辛苦而且備感壓力。而當她以「身為父母，必須當孩子榜樣」的觀念來教育小孩，小孩也會喘不過氣。

說實在話，像這樣想法和做事都「有條有理」的人很有魅力嗎？我不這麼認為。有條有理的人通常個性一板一眼，甚至不近人情，會讓人想和他保持距離。當然有條有理是有必要的，但同時也接受自己有隨心所欲，甚至雜亂無章的一面，心情放鬆自在才能真正做到有條有理，不是嗎？而會出問題的關鍵是，做不到有條有理卻還是勉強自己。

對酒井而言，重要的不是努力讓孩子看到自己「成年人」的模樣，而是在孩子面前做自己，如此一來孩子也才能展現真實的自己。她要做的不是解放痛苦的過往，而是面對痛苦的過往，接受過去的自己，而且必須認知光靠自己是沒辦法面對痛苦過往的。

關於如何療癒過去，瑞能認為「自己的過往，終究必須靠自己治癒」（《瑞能老師教你如何放手「痛苦的過往」》一五八頁），這種想法非常危險，因為他鼓勵大家不要依賴人。人生在世不可能不受到傷害，即使如此，受傷的心只能在人生中獲得治癒，曾經被人所傷又藉由他人力量獲得療癒的人生反而更精采，更有深度。

任何人都可能被他人所傷，他人所造成的傷害也必須靠他人才能治癒。酒井需要學會的是「撒嬌力」，這才是防止再犯的最強力量。

◆悲傷的時候請盡情哭泣

二〇一〇年十二月二十五日，酒井在ＴＢＳ電視臺播出的《情報7days

Newscaster》節目中以錄影形式出現在螢光幕前，這是吸毒事件發生後首次上電視。節目中她以受訪者身分接受訪談，並於同年十二月三日出版《贖罪》，在節目和書中都提到事件發生當下的心情。

訪問者提到毒品再犯率極高，酒井毅然決然表示「絕不可能發生在我身上」、「我發誓絕對不會再吸毒」，然而當話題轉到小孩，原本堅定應答的她，表情立刻垮了下來，無法止住淚水：「讓孩子孤單受怕，我真的很對不起他。我深深檢討自己居然沒有優先考慮到孩子，我怎麼可以如此疏失。今後我一定會盡我所能成為兒子的最大後盾。」一談到小孩的話題，她就無法壓抑自己的情感。

最讓我在意的是，她說這段話時的表情變化。她原本邊說邊流淚，說到一半卻硬是擠出笑容，想必她內心深深認為「不能在人前落淚」、「不能讓人看到自己脆弱的一面」。這個話題告一段落後，她還對身邊的工作人員道歉。

她勉強擠出笑容的樣子在我看來非常危險。有些人認為這是展現身為演員的專業，但我的觀察是，這種不自然的情緒表達應該是從小學會的。小時候遭遇痛苦經驗時，為了不讓身邊的人擔心（＝不想給人添麻煩），勉強裝出笑容。若是如此，她的課題是學會悲傷的時候哭泣、痛苦的時候表現出痛苦。如實表達自己的情感是擁有健康身心所不可或缺的，同時也是抑制再犯的力量。

酒井如果在悲傷的時候微笑，她的孩子也會有樣學樣，變成同樣的人，我想天下應該沒有父母希望教出這樣的孩子吧！

酒井法子開朗的笑容依舊相當迷人，但我由衷希望她能在悲傷的時候表達悲傷，慢慢放下「成年人」這個包袱，就算是為了不重蹈覆轍也好。

● 15 **威廉・瑞能（William Rainen）** 通靈者，一九六〇年代起活躍於美國，在日本亦出版眾多著作，教人如何獲得幸福的人生。

● 16 **小法** 日文為「のりピー」。

第5章

父母要在孩子面前接納自己

「好孩子」與犯罪的距離

Chapter 5

子どもの前に、親が自分自身を受け入れる

いい子に育てると犯罪者になります

◆任性並非不好

小時候的我們會在不知不覺中養成許多價值觀，對我們影響最深的當然是父母。父母也一樣，如果他們在小時候一直被自己的父母灌輸「自立自強」、「忍耐是美德」、「不輕易喊苦」的觀念，自然會照單全收，再將這些價值觀傳承給下一代。

手足關係也會產生一些價值觀，不分世代都是如此。或許長大成人後會逐漸淡忘，但小時候的我們都會和兄弟姊妹互相爭奪父母的關愛，認為自己「絕不能輸給哥哥」或感到「為什麼只疼妹妹？爸媽是不是不愛我」，進而產生「我一定要贏」、「我不能被討厭」的價值觀。這些從小深植內心的價值觀，到了青春期或成年後會成為活得很辛苦或壓力的源頭，也是產生問題行為的根源。

內心有愈多根深柢固價值觀的人，愈無法擁有良好的人際關係，因為這樣的人無法原諒有人和自己的價值觀背道而馳。從小被教育「有禮貌」的人，看到沒禮貌的人自然無法忍受，也不允許自己做出沒禮貌的行為。而擁有「做好該做的事」的價值觀的人，看到別人連很基本的事都做不好，心中就會莫名煩躁，當自己做不好時也會自我厭惡。一個人擁有愈多（自認為）「正確」的價值觀，就愈可能活得很辛苦，進而做出問題行為。對某些價值觀深信不疑，就會帶來相應的煩惱與痛苦，以下舉例說明。

應該有些人從小就不斷被父母教導「不可以任性」、「做個討人喜歡的孩子」。如此一來，「不可以任性」、「討人喜歡」就很可能成為他的價值觀。在學校裡，很多小孩都會耍任性，而看在認為「不可以任性」的孩子眼裡，那些耍任性而讓大人困擾的小孩簡直不可原諒。當看到同學耍任性，內心會感到煩躁，最後顯露憤怒，朝向對方大吼：「你不要太過分了，你不知道大家都很困擾嗎？」這種情況持續下去就會演變成霸凌。

這個孩子雖然認為「不可以任性」，但同時也認為自己應該「做個討人喜歡的孩子」，所以內心十分矛盾。一方面認為「不可以任性」而霸凌別人，但又對這樣的自己十分厭惡，因為明明希望自己「討人喜歡」，卻反過來做討人厭的事。他會在內心責怪自己「是個爛人」，活得很痛苦。

這種情形不只發生在小孩子，只要有這種價值觀，不論小學生、大學生或成年人都會將怒氣發洩到別人身上，演變成霸凌。

我想提供一個看法，**「任性」的人換個角度看其實是「很會做人」的人**，任性換個說法就是如實表達自己，這是建立人際關係的好方法。超出常理的任性可能是有心理問題，但是完全不表現出任性，在他人眼裡就只是一個無趣的人。

一樣是大學生，一定有些人很會耍任性，而有些人沒辦法耍任性。對於沒辦法耍任性的女學生而言，看到其他女學生不但耍任性，又和人相處融洽，便會心生嫉妒，演變成無法克制的憤怒，最後出現問題行為。常見情況有刻意搶走對方男友，或是用陰奉陽違的霸凌手段，在班上造謠，藉此孤立對方。

霸凌的女學生也和前述小孩一樣，無法原諒欺負他人的自己，儘管表面故作平靜，內心卻感到強烈的自我厭惡：「我明明想讓大家喜歡我，我卻做出討人厭的事。」不過遺憾的是，本人很難覺察之所以出現問題行為與活得很辛苦是源自於自己的價值觀，因為這些觀念已經根深柢固。

此外，「耍任性」這件事通常女性比男性拿手，原因是幾乎百分之百的男性都被灌輸「像個男子漢」的價值觀，覺得任性是很丟臉的事。

◆擺脫「像個男子漢」的束縛

兩性之間發生爭執時，有人會說「雙方各有一半責任」，但這並不正確，大部分原因其實出在男性身上。

相較於女性，男性通常不擅長表達。「我就是木訥」、「我的原則就是不幫自己找藉口」都不是理由，問題根源依然在小時候。幾乎所有男性從小就被父母教導「是男生就不要頂嘴」、「不要找藉口」，所以女生往往很納悶：「為什麼你有話不說，要這樣生悶氣？」確實就是因為男性無法好好用言語表達內心的感受，雙方才會起爭執。

假設有一對正在交往的情侶，女生去參加聯誼，男生就算不想讓她去也不會老實說。或許覺得說出來很丟臉或很不帥氣，但即使不說，也會表現在態度上，例如心情變很差或態度變冷淡，這是很迂迴的愛情表達方式，也是女生最討厭的方式，如此就會引起爭執。

所以，男性若想讓感情順順利利，關鍵在於能否擺脫「像個男子漢」的價值觀。「我不希望妳去，光是想像妳和別的男生在一起就讓我很痛苦。」如果能老實說出真心話，或許就能避免爭執。更重要的是，男性要認知到一件事，能說出真心話的人才是真的「帥氣」——真正的帥氣不是耍帥，而是能夠接受自己不帥氣的一面。

這不僅限於男女朋友關係，夫妻關係也是如此，熟年離婚的原因通常都出在男性身上，所以丈夫要學會表達自己。這個年代的男性如果不改變自己，只能等著被老婆拋棄。

另外，我認為如果男性能學會表達自己，平均壽命應該會延長。根據日本厚生勞動省[17]的調查，二〇一二年日本人的平均壽命，女性為八十六．四一歲、男性為七十九．九四歲（二〇一三年七月二十六日《讀賣新聞》早報）。一直以來女性都活得比男性久，更何況二〇一二年日本女性的平均壽命更是世界第一。

為什麼女性比較長命呢？有人認為是女性基礎代謝率較低，只需較少的熱量就能生存；也有人舉出是女性荷爾蒙、基因、大腦、生活習慣等因素，眾說紛紜。但是我認為這和女性「喜歡聊天」有關係。和朋友閒聊，對發洩壓力很有幫助，利用聊天紓壓是非常健康的方法。

◆「強烈的正義感」引發殺人事件

前面已經說明過既有價值觀會對我們長大成人後的人際關係（尤其是兩性關係）造成影響，接下來我要說明導致殺人事件的情況，事件引爆點是「強烈的正義感」。我接觸過一位三十多歲的年輕受刑人，從小被父親嚴格要求「男人就該堂堂正正」、「像個男子漢」，而當他做出不像個男人或投機取巧的行為，父親就會二話不說對他施暴。「堂堂正正」並沒有錯，但會演變成絕不容許有人為非作歹的強烈正義感。

這種強烈正義感的價值觀十分棘手，因為會導致對自己和他人都非常嚴格。但只要是人，一定有犯錯的時候，偶爾犯錯或許也是不得已。而這名犯下殺人罪的受刑人卻完全無法容忍做錯事的自己，因而一步步把自己逼到困境，傷害自己的同時也傷害了別人。

剛滿三十歲不久，他偶然認識一名專門詐騙老人的男子（被害人）。他無法原諒這個男人，也不容許自己對此視而不見。得知對方詐騙的對象是自己認識的老人家時，累積的憤怒一觸即發，最後把對方給殺了。

在監獄第一次和他面談時，他狡辯：「殺一個壞人有什麼不對？我明明就做了一件對的事！」被害人詐騙老人確實有錯在先，但殺人依舊不可原諒。然而對他而言，既然無法原諒自己也無法容忍對方，就只剩殺人一途。

他的根源是從小在父親的嚴格管教與暴力相向下養成強烈的正義感。他並沒發覺小時候的經歷是犯下事件的根源，但是和我一起回溯過往後，終於理解到過去一直為了「像個男子漢」而勉強自己。強烈正義感的背後，其實是強烈渴望父親認同自己是個男子漢，然而他真正想要的是父親能愛「真實的自己」，不那麼男子漢也無所謂。察覺到這點後，他的價值觀有了一百八十度的轉變，同時打從心裡對被害人感到抱歉，由衷向被害人說「對不起」。

◆你能向人傾訴煩惱與痛苦嗎？

如前所述，若未能覺察從小被父母灌輸的價值觀，便很可能原封不動傳給自己的孩子。小時候父母對自己說過的話、做過的事，以及周圍環境所帶來的影響，都會反映到自己與孩子間的互動，這就是所謂的**「連鎖」**。

如果價值觀沒有改變，父母曾有過的煩惱與痛苦，也可能同樣出現在小孩身上。儘管現在時代和環境已經改變，人際關係也有所改變，產生連鎖效應的可能性仍然很高。當父母感到活得很辛苦並且出現問題行為，小孩也可能同樣感受到痛苦與做出問題行為，那麼身為父母又更煩惱了。

話說回來，身為大人的我們會向父母傾訴煩惱或痛苦嗎？想必大部分的人都認為「不要讓父母擔心」、「自己想辦法解決」，就算會和伴侶或朋友商量，但多少都是出於無法對父母說出口。

而換作父母的立場，當孩子有煩惱或痛苦，希望孩子和自己商量是天下所有父母的心願。明明對自己的父母無法敞開心房，卻又希望孩子對自己敞開心房，聽起來很不公平，但卻是父母的真心話。我已經強調過很多次，若父母不先改變自己的價值觀，又用同樣方式教育孩子，恐怕小孩也會和自己一樣，認為不能給父母添麻煩，也就無法向父母傾訴煩惱。

我的學生都會信誓旦旦表示，如果自己有了小孩，絕對不會像當年父母對待自己那樣來和小孩相處。堅定的決心固然必要，但就如本書一再強調，空有決心是靠不住的。人生在世，痛苦絕對遠多於快樂，當感受到痛苦，也會想讓其他人經歷和自己一樣的痛苦。從小被父母家暴的人會發誓「絕不對孩子動手」，但是一旦育兒過程遭遇不順或小孩出現問題行為，總會忍不住動手，而此時父母自己都會驚覺：「怎麼我也做出一樣的事！」

常聽到非行少年說「好想趕快結婚」，因為他們從小缺乏家庭的溫暖，希望可以建立一個溫暖的家。我也很希望他們能夠實現夢想，但現實是殘酷的。一旦有了家庭、生了小孩、開始育兒，過去描繪的美夢就如幻影般破滅。因為他們從未感受過被父母珍惜的感覺，自然也不知道怎麼疼小孩。每當孩子半夜啼哭或不聽話，就會湧現過去的不好記憶與負面情緒，把當初父母對自己做的事再次複製到孩子身上。縱使一開始想好好善待孩子，久而久之也不再這麼想，最糟的情況是連孩子的「存在」都感到礙眼，虐待就是這麼來的。

◆造成壓力的20種價值觀

我們每個人都依循著各式各樣的價值觀活到現在，但是很少人能覺察造成自己日常生活壓力的來源其實就是這些價值觀。

以下舉出二十種可能造成壓力的價值觀，請留意若符合項目愈多，就代表愈容易累積壓力。

1 自立自強的想法很強烈。
2 不能給親人或周圍的人添麻煩的想法很強烈。
3 達到親人或周圍的人期望的想法很強烈。
4 認為忍耐很重要。
5 不太顯露自己的情緒（高興、悲傷、痛苦）。
6 碰到討厭或痛苦的事不太會讓人知道。
7 大多時候表現得很開朗，不會讓人看到自己的內心黑暗面。
8 覺得軟弱很丟臉，認為人要堅強。
9 覺得哭很丟臉。

10很難對人撒嬌。
11認爲不能耍任性或自我中心。
12認爲不能表現出孩子氣的一面。
13男人就該像個男子漢、女人就該溫柔婉約的想法很強烈。
14認爲賺很多錢是成功人生的寫照。
15經常要求完美。
16做事不能出錯或失敗的想法很強烈。
17一定要搞清楚是非對錯，無法接受答案似是而非。
18對於獲勝有所堅持或執著。
19容易產生「別人在排擠我」、「他一定覺得我很壞」等想法。
20絕不容許自己或別人做壞事。

我想再次提醒大家，我們之所以有上述價值觀並非與生俱來，而是從他人

（通常是父母）身上承接而來，或是受環境影響逐漸形成，而且原點都在小時候。想知道自己為何有這些價值觀就必須追溯過往。

出現問題行為或活得很痛苦的人若想從根本解決問題，就必須認清自己有哪些根深柢固的價值觀。做父母的要好好面對自己，而不打算養兒育女的人若想真正了解自己，我認為這本書就是你的「機會」。

◆思考既有價值觀的20個祕訣

然而，不借助他人力量，光靠自己覺察為什麼養成這些容易累積壓力的價值觀並不容易，但還是有一些訣竅可以幫助各位思考。訣竅就是我與受刑人面談時常對他們提出的問題，希望各位藉由以下提問慢慢將焦點放回自己的小時候。這些問題可能會讓你必須以批判的角度看待父母，可能會讓某些人感到很痛苦，但唯有正視痛苦才可能有新的覺察。

過去缺乏美好回憶的人要回顧過往是一種折磨，可能會感到很痛苦，這時請停止繼續回想，找一個能幫助的人陪你一起回顧。相反的，以為過去的回憶都很美好的人可能會在回顧過程中有意外發現，萬一是痛苦的回憶，或許會感到很難熬，這時也請停止繼續回想，並且試著向人傾訴。此外，每個訣竅後所附的舉例只是案例之一，無法代表全部。

1 小時候父母一直反覆叮嚀的事情是什麼？（例：如果反覆叮嚀「不要說喪氣話」，就會養成「不說喪氣話」的價值觀）

2 你的父親是什麼樣的人？母親又是什麼樣的人？（例：你會和父親或母親有相同價值觀，父母之間的權力關係也會影響你養成相應的價值觀，例如

「男尊女卑」等）

3 父母的管教是否很嚴厲？有沒有曾被打的經驗？父母是否對你說過類似「你根本沒救了」之類否定人格的重話？（例：造就「像個男子漢」、「我是個沒用的人」等價值觀）

4 向父母傾訴煩惱時，父母通常用激勵或斥責的話語回應你，而非接納你？父母的管教方式是否多爲下指令的形式？（例：對自己沒自信、總是等待他人下指令才行動）

5 父母在社經地位上是否屬於「了不起」的人物？是否絕不在人前展現軟弱的一面？（例：養成「我要成爲了不起的人」、「絕不能讓人看到自己的弱點」等價值觀）

6 父母是否經常講大道理？又或者很理性，幾乎沒有情緒（情感豐富）？（例：覺得把情緒表達出來很丟臉）

7 是否曾被父母放任不管或遭到無視的經驗？（例：不珍惜自己的生命，當發生討厭的事就會感到「好想死」）

8就如醫生的小孩也是醫生，是否從小就被決定要和父母踏上同一條路？（例：不懂得尊重自己的想法）

9小時候父母是否感情不睦，或是離異？是否因爲父母再婚，必須與「新爸爸」或「新媽媽」一起生活？（例：容易看人臉色，有煩惱或痛苦也獨自承受）

10父母離婚後，誰是你的主要照顧者？（例：若照顧者爲祖父母，可能會爲了「不讓人家認爲這孩子沒爸媽所以沒教養」，因而管教特別嚴格）

11父母是否非常神經質？是否有完美主義？（例：每件事都要做到完美、無法忍受不上不下）

12父母是否很在意「有形體的事物」（學歷或金錢等外在條件）？（例：認爲外在條件比愛重要）

13小時候是否必須經常忍耐？是否曾經感到孤單寂寞？（例：不重視自己的

感受，或看輕自己的生命）

14小時候是否發生過難以忘懷的事？當下是否感到很受傷？或者因為那件事而下定某些「決心」？（例：認為應該「以牙還牙、以眼還眼」或「大人都不能相信」）

15難熬或痛苦的時候是否有人可以商量？如果沒有，是否想過要靠自己解決？（例：不靠他人的力量，一個人活下去）

16是否曾被拿來和優秀的手足（或年齡相仿的堂兄弟姊妹）做比較？（例：勉強自己「非贏不可」，或從一開始就認定「反正贏不了」）

17是否有拒絕上學或有身心障礙的手足？（將在第六章說明）

18是否有誤入歧途或有心理問題（如厭食症或憂鬱症）的手足？（將在第六章說明）

19身為長子或長女，是否受到比弟妹更嚴厲的管教？（例：養成「自立自強」的價值觀）

20 家中是否有很多兄弟姊妹或家境貧困？（例：養成「先搶先贏＝搶輸的人自己不好」、「唯有勝利才能生存」的價值觀）

以上是有助於我們覺察從小養成的價值觀所列舉的二十個訣竅。這些當然不是全部，但是請以此作為第一步，思考既有價值觀究竟如何養成。如果有所覺察，請告訴自己「能觀察到就很棒了」。經年累月所造就的價值觀不可能一朝一夕就改變或捨棄，因此先從覺察做起，只要做到這點，就能用客觀的角度檢視自己，和孩子的相處方式不但會有所轉變，自己的人生也會往好的方向改變。

如果你明顯感受到內心存在著糾結，而且難以釋懷，請一定要找個適當的機會，試著將小時候的痛苦回憶與負面情緒一五一十告訴某個人。這需要相當大的勇氣，但若想活出健康的人生，請找個願意傾聽自己說話的對象，將心事和盤托出。當你能在他人面前展現「真實的自己」，就能找回當初那個能放心對人撒嬌的自己。

◆養成從正反兩面檢視價值觀的習慣

針對某個價值觀，我們往往從單一面向評斷「○」（好）或「×」（壞），這種評斷方式有時就是造成自己活得很辛苦的原因。我在〈前言〉提過「配合度高」這個價值觀，我們都以為「配合度高」是件好事，確實配合度高的人容易和人維持良好關係，但換個角度想，配合度高也隱含著附和他人、聽從他人意見的傾向，容易變得「有意見卻不說」、「不敢表達自己的想法」。

「有勇氣」也屬於公認的好價值觀。特別是非行少年和受刑人都自負有勇氣，正因為有勇氣，才敢闖入打架這種危險場面，換句話說，「有勇氣」意味著看輕自己的生命。正因為認為自己的生命微不足道，才會不顧危險投身而入，最糟的情況就是連命都沒了，甚至殺人也不以為意，看輕自己的生命就表示他人的生命也不值得重視。反過來說，愈看重自己的生命，膽子也愈小。「膽小」或許讓人覺得很不帥氣，但只要重視自己的生命，膽小是理所當然的。

我想強調的是，價值觀必然有正反兩面，為人父母如果未能自覺這點，就會要求孩子必須當個「配合度高」、「有勇氣」的人，進而讓孩子變成一個不敢表達意見，只會配合他人或輕忽生命的人。因此，我們有必要重新檢視家庭教育與社會常識所帶來的價值觀。

我偶爾會受邀到各學校觀察班上的問題兒童、問題學生，並建議校方處理方式。不論哪所學校，踏進教室就能看見後方黑板寫著「本月目標」。常見目標有「考慮對方的感受」。確實「考慮對方的感受」很重要，但是換個角度也意味著「不重視自己的感受」。過度「考慮對方的感受」會變得自我壓抑，反而無法和朋友建立良好的關係。「有志者事竟成」也是危險目標，這代表不靠任何人，獨自一人撐到最後，結果鑽牛角尖，努力到筋疲力盡為止。

話說回來，「自立自強」、「很能忍耐」、「默默努力」這些價值觀在本書中似乎都被視為「壞人」，但我並沒有全盤否定的意思。一位大學三年級女學生在課後心得寫道：「我一直告訴自己『自立自強』，上了這堂課我才知道被這個想法逼得喘不過氣。我是社團主將，所有人都說我『很堅強』、『很可靠』，或許是因為這樣，我非常依賴男友，請問這樣是可以的嗎？」我在課堂上引述這段話，告訴班上同學「這位學生取得很好的平衡」，她透過對伴侶的依賴消弭了「自立自強」的壓抑，讓心靈維持在穩定狀態。也就是說，即使擁有「壞人」價值觀，只要有個能解放內心的對象或地方，「壞人」也能發揮良好功效。

「像個男子漢」也是同理，男性因為擁有這個價值觀，展現出堅強可靠的一面，在家中扮演經濟與精神的支柱。而問題出在「必須像個男子漢才行」的思考模式，如果能接受自己有時不那麼像個男子漢也無妨，就能維持健康的身心。請各位開始重新審視自認為「理所當然」的價值觀，如果發現某個價值觀折磨著自己，請換個角度思考。如果已經根深柢固，想改也改不了，請找個人聊聊，慢慢擺脫既有價值觀的牢籠。而最有效的方法，就是回到「赤子之心」。

◆建立能抱怨的人際關係

日常生活累積的壓力會讓我們感到身心俱疲，喪失努力的動機，這時請回到「赤子之心」，把內心的苦（也可以說是「抱怨」）向人傾訴。只要身邊有人傾聽自己就能瞬間得到拯救，湧現被重視的感覺，也會更珍惜身邊的人。重視他人的人，也能為他人所重視，如此也會更加重視自己，人際關係也更為順利，形成正向循環。而第一步就是從抱怨做起。能夠抱怨就表示已經回到「赤子之心」，對人敞開心房。赤子之心代表「真實的自己」，回到「真實的自己」表示能夠接納自己。相反的，缺乏「赤子之心」會阻礙人際關係。

沒有人能投機取巧地活著，每個人都是竭盡所能活在這世界上，只不過受到各種既有價值觀的影響，感到活著很辛苦或出現問題行為。就如第四章酒井法子的例子，人會因為經歷過一些事，覺得過去的自己「很糟糕」。如果無法告別那個「糟糕的自己」，就會一直被這種想法拖累，變得無法接納自己。因此，我們有必要重新定義那個「糟糕的自己」，告訴自己「那時的我並不糟糕，而是為了活下去，不得不這麼做」，如此接納過去。

以繭居族為例，他們都是一群活得很努力的人，之所以繭居是因為當下需要這麼做。我們每天都需要獨處時間，用來切斷外界刺激，讓內心充電，找回自己，這也是讓我們面對明天的活力來源。之所以繭居，是因為缺乏好好讓身心獨處與休息的時光。當缺乏短暫的休息，就需要長期的休息，而繭居就是休息的一種形式。雖然晚了一點，但繭居只是把之前沒休息的部分一口氣集中起來休息，一旦休息夠了，就能重新出發。因此繭居是為了活下去的必要行為。不要否定曾是繭居族的自己，當時的繭居對自己是必要的，如此打從心裡接納過去。

在日常生活中如實表達自己的想法或心情是不可或缺的。如果你現在感到痛苦或對未來不安，請回到「赤子之心」，把這些痛苦或不安用一句**「你願意聽**

我說嗎？」作為開場，找人聊聊。從來不曾找人商量煩惱的人，要他突然把心中想法老實告訴別人，內心可能會相當抗拒。但正因如此，更應該找個願意傾聽的對象，試著慢慢向對方敞開心房，這麼做就能感受到自己的內心開始一點點改變，也能體會到坦誠面對自己的「舒適感」，而這種感受正是源自於嬰兒時期的我們能夠自然表露情緒。

當做到自我接納，理解外在的方式也會跟著改變。例如有人建議你「怎麼不那樣做？」時，以前會很生氣，覺得他又在找碴；但現在能想成是對方好心教我，發自內心說「謝謝」。有了自我接納，生氣次數也會跟著減少。此外，說話方式也會有所改變，例如以前會說「不要站起來」，現在會說「請先坐一下」。說話方式和理解方式的不同，會影響人際關係往好的方向發展，或反之惡化。

在人際關係中，也不要試圖改變討厭的人，可以的話，請改變自己。要做到這點，必須認為**「現在的我就很好了」**。能接納自己，就能原諒討厭的人，甚至為他設想：「他會這麼討人厭，一定是因為過去有不好的經驗，應該也很討厭自己這個樣子。」能這麼想就表示自己接納對方（討厭的人）。用這種想法與討厭的人相處，對方或許會因為感受到「被接納」而有所轉變也說不定。

親子關係也是一樣，父母都希望孩子照著自己的期望長成好的大人，例如告訴他「對人友善」，如果用嘴巴說說，孩子就會照做，那麼天下的父母就不用為育兒煩惱了。想要孩子對人友善，必須先讓他擁有被善待的經驗；希望孩子脾氣好，就必須先成為脾氣好的父母。

然而父母也是人，也會心情不好，不是隨時隨地都能維持好脾氣，所以當覺得痛苦難熬、寂寞悲傷時，請回到「赤子之心」，找人聊聊，平復心情。能適時依賴他人的父母，才能教出適時依賴他人的孩子。

17 **厚生勞動省** 相當於臺灣的衛福部加勞動部。

第6章

孩子還小時，育兒應注意的重點

「好孩子」與犯罪的距離

Chapter 6

幼少期の子育てで知っておきたいこと

いい子に育てると犯罪者になります

◆讓孩子能對父母撒嬌

孩子還小的時候，我最希望他們學會的事說穿了就是能放心對父母撒嬌而已。撒嬌指的是與父母之間有肢體接觸，也能向父母訴說心事。

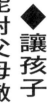

我們常聽到大人會對孩子說「不要撒嬌」、「不要任性」，然而仔細想想，不撒嬌也表示不會輕易接受他人的好意，遇到傷心難過的事寧願獨自承受，這就是痛苦的來源。所以孩子真正要學的是好好撒嬌，而不是不要撒嬌。

會對父母撒嬌的孩子，才會長成懂得依賴他人的大人，坦率接受他人的好意，也勇於給予他人需要的幫助，互相扶持並且活下去。我們常對孩子說「看到別人有困難要主動幫助他」，這個想幫助人的心並非透過學習養成，而是有過被幫助的經驗，自然會想幫助別人。因此和孩子相處時，請謹記我們都會以別人對待我們的方式來對待他人。

各位讀了本書或許會質疑，難道小孩完全不需要「管教」嗎？從讓孩子發展社會化這點來看，管教確實有其必要，但各位也必須了解管教必定伴隨壓抑。管教在某方面是壓抑孩子如實表達自己的需求，當需求被壓抑下來，孩子的心靈一定會出現偏差，例如要求他「不能這麼做」，他反而會更想做。請各位回想自己的學生時代，當別人成天告訴你「努力讀書」，反而會讓你失去讀書的動力對吧？每個人在小時候或現在在職場上多多少少都有這樣的經驗。對孩子要求愈多，也等同施加愈多壓力，使他們逐漸失去該有的天真。

我的觀點是無須過度管教，而是以培養「良好生活習慣」的標準進行教育即可。所謂良好生活習慣就是把心裡的感受與想法表達出來，這也是不讓壓力累積、保持心理健康的最好方法。讓孩子在兒時的親子關係中學會遭遇困難或感到痛苦時，如何找人傾訴、如何尋求幫助非常重要，若能從小建立這個生活習慣，未來就能擁有健康的人生，培養這個基本的生活技能對孩子至為重要。

應該有讀者接著想問，難道完全不能罵小孩嗎？若你有這個疑問，請在責罵前停下來思考：「這件事真的非罵他不可嗎？」責罵通常隱含父母的個人價值觀，例如「因為你是男生，所以要勇敢」、「因為你是老大，所以要做弟妹的榜樣」，這些根深柢固的價值觀都會原封不動地教給孩子，導致他背負沉重的擔子活下去。其實只要讓孩子能像個孩子般成長，他自然會長大成人。最好的方法就是告訴他：「現在的你很棒！」經常這麼告訴孩子，他就不會再勉強自己。

目前我所介紹的都是「理想」的教養方式，事實上父母不可能全盤接受孩子的需求，完全不要求是不可能的，必定會說出限制他需求的話語，不論口氣如何溫柔，孩子還是會感受到壓抑。如果孩子能坦誠說出「真討厭」、「好難過」就好了，但有時他會選擇不說（不能說），獨自忍受。此時所有孩子（包括大人也是）都會出現的問題行為就是說謊。

事實上，人類本來就是說謊的動物，我實在不想把說謊歸類在問題行為。大部分的人在人生中最早出現的問題行為都是說謊，讓我們一起思考身為父母該如何處理。

◆不要要求孩子「絕不說謊」

在大學教書時，每隔幾年就會碰到學生奉子成婚。幾年前我的研究室也有位女學生在大三懷孕，休學半年。休學前我有機會和她聊天，我問她：「妳希望小孩長大後成為怎樣的人呢？」

「我希望他是個誠實、不會說謊的人。」她不假思索地回答。

「嗯……」我邊想邊追問：「那如果他說謊，妳會怎麼做呢？」

「我會處罰他，嚴正指責他！」

聽到她這麼說，我只能露出傻眼的表情：「喂喂，妳到底在我的課堂學到了什麼啊？」

我非常清楚父母不希望孩子說謊、任何事情都能老實講，甚至要求他保證「絕不說謊」。然而，「絕不說謊」不僅在親子關係內做不到，所有人際關係中都是無法保證的事。原因一如前述，人類是會說謊的生物。要求孩子做到人類根本做不到的事，一定會出問題。

小小孩說出的謊言通常一眼就能識破，也很好理解他為何說謊，此時父母若能處理得當，爾後的親子關係就會往好的方向發展。那麼究竟該如何處理呢？在此之前，請先思考孩子為什麼要說謊。

最主要原因是怕被父母罵，也就是當他做不到父母的要求（期望、命令）就會說謊。對孩子有愈多的要求，孩子就有愈多說謊的理由。換句話說，說謊是對父母的言行做出的反應，父母才是造成孩子說謊的原因。即使如此，我並不是在怪罪父母，畢竟無論教養方式為何，孩子總有一天一定會說謊。

另一個理由是希望獲得父母的愛，所以用說謊的方式展現自己好的一面，這是有兄弟姊妹的家庭常見的情況。「一定要贏過姊姊」、「不能輸給弟弟」的想法讓孩子硬是表現自己，例如明明做不到卻硬著頭皮說「我可以」。

無論哪種情況，最糟糕的處理方式是戳破謊言，要求他「不准說謊」。一旦這麼做，他只能低頭說「對不起」了事，如此一來，不論大人或小孩都不再思考說謊的理由，而孩子從中唯一學會的就是道歉的方式。父母通常還會要求「下次絕對不准說謊」，但是很遺憾，孩子只會與父母的期望背道而馳，成為一個愈來愈常說謊的人，甚至說謊技巧日益精進。

我再次強調，說謊是孩子人生中第一個問題行為，這是父母第一次了解孩子心聲的「機會」，一定要好好把握這個機會。父母可以藉此知道自己的哪些言行、態度導致他說謊，也能得知他對兄弟姊妹抱持著什麼樣的心情。若僅止於責罵、糾正，就錯失理解他的寶貴機會。更糟糕的是，他可能會自責「我是壞孩子」，從此不再對父母敞開心房。

此外，對於孩子說謊，我想再提供一個看法：我們可以當作是他了解到「說真話會傷到對方」，這麼想就能把說謊看成是長大的證明。

「冷處理」或許是最保險的方法，了解他說謊的理由，之後再改變自己。當覺察到原來是自己讓孩子無法表達真正想法，更要用心傾聽他的每句話，如此一來，他就會知道不需要再說謊，也會更勇於做自己。

各位若有心想把孩子說謊當作良機，和他聊聊真正的想法，請暫時將說謊這件事擺一旁，透過一些提問和他一起探索說謊的根源：「媽媽平常對你說的話，有沒有哪些讓你聽了覺得不太舒服呢？有的話可以告訴我嗎？」「爸爸的態度會不會讓你覺得很可怕，或是希望我不要這樣做的地方？」「有沒有遇到什麼難過（痛苦）的事情？」「會不會覺得什麼事情做得很勉強？」

如果孩子老實說出「我很討厭爸爸每次都叫我要忍耐」、「你們都只稱讚姊姊，讓我很難過」，父母要鼓勵他：「原來是這樣，謝謝你說出真正的想法，爸爸以後會注意，你也要多多把心裡的話告訴爸爸哦，我會很開心！」

以上是理想的處理方式。無論如何，至少不要拆穿謊言後要求反省，如果反覆如此處罰孩子，將會演變成大問題。以下舉出我輔導過的一名男同學（大學三年級，二十一歲）的例子，假設他的名字叫田中。

◆絕不說謊會帶來「滔天大謊」

田中在大學社團擔任總務股長。他的問題行為是向社員收取不法現金，方法是以虛擬名目（例如聚餐費）收費，或超收比實際支出更高的金額。一開始只是一人收個一千日圓，後來變成二千、五千，甚至一萬以上，累計金額超過一百萬時終於被發現。

事件爆發後，我立刻與田中面談。我先問他第一次這麼做時的心情，他小心翼翼地回答：「一開始我也覺得很對不起大家，我是因為自己錢不夠加入社團才做出這種事。」我又問他：「那時你在學校或家裡有沒有發生什麼不愉快的事？」他說沒有，所以問題根源並不在此。

之後我建立一個「假設」：會做出百萬日圓規模的不法行為一定是由許多小違規累積所致。犯下嚴重事件前，通常是從小事件做起。我問他：「小時候父母最常要求你什麼呢？」他說：「我們家的家規是『絕不說謊』。」原本木訥的他，開始談起自己的小時候。

田中小學時經常因為說謊被父母罵，所以父母和他約法三章「絕不說謊」。五、六年級到朋友家玩，看到朋友家裡有電動，他也很想要，但是沒辦法向父母開口「買給我」，於是偷了父母錢包裡的錢。這是他的第一個問題行為，而這就是問題的根源。

「我當時真的好想要電動，無法忍耐內心的衝動，我太膚淺了。」

我告訴他：「是這樣嗎？你不是無法忍耐，而是一直要求自己不能說謊，所以忍耐到了極限，不是嗎？」

聽到這句話，他的淚水瞬間奪眶而出：「我從小就知道說謊是不對的，所以想盡辦法不要讓謊言被揭穿，人際關係裡我也很怕讓人看到真正的自己，腦中永遠想著『這時候該怎麼撒謊才不會被拆穿』，真的很痛苦。」他邊說邊流淚，哭到不能自已。

「謝謝你願意說出來，一直以來你一定很痛苦。但是，現在是你改變自己的機會。」

聽到我這麼說，他顫抖著回答：「我想要改變！」

「你能不能把今天對我說的這些話也老實告訴父母呢？做得到的話，說不定會有所改變。」

聽了我的建議後，他回家將自己從小到大因為「不准說謊」而一直深感痛苦的過往一五一十告訴父母，雙親看著他流淚訴說的模樣，似乎也了解到是自己把孩子逼到這田地。

一週後我再次與田中面談，一見到他就能從表情感受到他整個人煥然一新，我握著他的手對他說：「你鼓起勇氣說出來真的很棒，謝謝你。」雖然最後校方還是給了他一些處分，但是我相信他往後的人生會往好的方向發展。

回想與田中的面談，要是當時周圍大人的態度是要求反省，下定決心「絕不再犯」，後果將不堪設想，他現在或許已經犯罪了吧……我不由得這麼想。

◆讓孩子建立自信的教養方式

讓我整理田中陷入惡性循環的過程：

小時候努力達到父母要求（例如「凡事堅持到底」）。

←

覺得很辛苦於是放棄，但是怕被罵，所以謊稱「我還在堅持」。

←

謊言被拆穿。

←

被父母斥責「不准說謊」。

←

又說謊、又被罵。

←

父母立下「絕不說謊」的家規。

←

爲了不被拆穿，說謊技巧日益精進。

↓
變得習慣性說謊。
↓
最後說了「滔天大謊」（＝犯罪事件）。

總是設法不讓謊言被拆穿的田中，他的心情又是如何呢？那時的他已經無法向父母敞開心房，簡單來說就是沒辦法做「真實的自己」。他必須學會如何巧妙地說謊，將自己的說謊技巧日益精進，所以總是戰戰兢兢，深怕謊言被揭穿，也因為不（不能）表達真正的想法，內心一直有疙瘩。

那樣的田中，對自己又是抱持什麼樣的看法呢？我想他應該相當討厭說謊的自己，當然也不可能有自信，但又覺得被別人知道自己其實很沒自信是件丟臉的事，所以再次說謊。長此以往，他變得愈來愈不重視自己。不重視自己的人也不可能珍惜他人，才會滿不在乎地拿走別人的錢。

總結來說，他的「犯罪」必須往前追溯到從小和父母約法三章「絕不說謊」，而且更進一步說，父母是讓他變得會說謊的根源。他的父母必須藉由這次事件重新檢視自己。

話說回來，自信是什麼？就如字面解釋，是指相信自己嗎？我曾經問過好幾位受刑人：「對你來說什麼是自信？」

某位受刑人說：「我對騎機車很有自信，比速度絕不輸人。」這不是自信，因為比速度總有一天會輸人，一旦失敗就會造成劇烈的挫折感，更別說把飆車當作信心來源是會有生命危險的。

另一位受刑人則說：「比膽量我絕不輸人。」這也很危險，為了證明膽量過人，只能把自己逼到極限。當然贏過別人會帶來短暫的自信，然而永遠會出現更強的對手。以犯罪為例，各位或許很難相信，但真的有人用殺人來測試膽量。有些受刑人就是收到「要是你有膽量，就殺了他」的命令，結果犯下殺人罪。用膽量較勁的結果就是玉石俱焚。

騎快車或比膽量並非自信，頂多是優越感。所謂自信是任誰都無法動搖，比他人優越並不是真正的自信，培養自信也不是別人一句「對自己有自信一點」就能辦到。說到底，自信就是「打從心底認為現在的自己也很好」。我們每個人都有軟弱、不成熟的一面，當然也有不完美的地方，即使如此仍然認為「這樣的我也很好」，這就是自信。

父母很常鼓勵孩子「好好加油」、「我很看好你」、「振作一點，不要輸給哥哥」，但是換個角度，這也是在傳遞「現在的你很糟糕」的訊息，孩子培養出自信前就先收到大量「我很差」的訊息。我們應該多多告訴孩子「現在的你也很好」，考試考不好也ＯＫ、比賽輸了也ＯＫ、讀書運動比不上哥哥也ＯＫ，讓他接納現在的自己。

當孩子能打從心底認為「現在的我也很好」，才可能發自內心努力向上。鼓勵或要求雖然也會激發他奮發向上，但是無法持久，當結果不如預期或許還會產生罪惡感，覺得「爸爸媽媽那麼鼓勵我，真是對不起他們」而深感自責，幾次之後就會愈來愈沒活力。

失去活力的孩子過去都經歷過一段備受鼓勵而發憤圖強的時期，但是努力卻沒有成果，逐漸對自己失去信心。走上拒學或繭居一途的孩子當中，有些人就是因為長期受到眾人的鼓勵，背負著沉重的「行李」，最後不堪負荷才會如此。「讀書要加油哦」、「要考到好學校哦」、「你是長男，家裡就靠你了」、「做人格局要高，未來路才會寬」，像這類鼓勵的話語都會造成孩子的壓力，我們必須幫助他卸下「行李」。

幫助孩子將心中的行李一一卸下，當卸下最後一件，活力與熱情（幹勁）便會油然而生。光是口頭要求他「積極一點」、「打起精神來」是沒有任何效果的，他真正需要的是進行內心大掃除，清掃乾淨後自然會湧現活力與熱情。很重要的一點是，光是靠自己一個人無法進行大掃除，一定要有人從旁協助，才會開始行動。父母如果希望孩子學會自動自發，請陪在他身邊，幫他把肩頭上的行李都卸下來。

◆重點擺在「情緒」而非「思考」

我們所處的環境在這些年飛快進步。隨著時代進步，我感到大部分的人都非常「重視思考」。人一旦重視思考，就會輕忽情緒。我們活著，卻輕忽情緒，會造成各種心理問題，最嚴重的是走上犯罪。我想現代人的心病或犯罪，與社會變化並非完全無關。

輕忽情緒就會讓思考過度運作。例如感到痛苦卻不開口表達「我好痛苦」，而是想著「我不痛苦」、「這點痛苦不算什麼」，以思考掩蓋情緒。明明很痛苦卻擠出笑容掩飾真實情緒，假裝「一點都不痛苦」、「我一點感覺都沒有」，只會讓感受愈來愈遲鈍。這種情況一旦頻繁發生，身體一定會出現相應症狀。

我在教師研習中心[18]擔任心理師時，曾接觸許多拒學兒童的個案，他們大多屬於壓抑情緒的類型，說不出「我好痛苦」、「我很難過」，才會改稱肚子痛或頭痛，藉此不去上學。愈是壓抑情緒，愈容易出現生理症狀。所以我常和他們一起玩，透過遊戲讓他們在過程中自然說出「我贏了」、「可惡」，把情緒和感受表達出來，原本失去的活力也會慢慢回到他們身上，逐漸痊癒。為什麼他們說不出「我好痛苦」呢？因為覺得說出來很丟臉、很糗，或怕被認為很軟弱，其背後原因和「獨立自主」、「自立自強」等價值觀相連結。

與其花數小時甚至十幾個小時思考如何將心中的想法轉化為語言，不如說出一句真心話，就算只有一句「我好痛苦」，光是一句話就能將封印已久的痛苦攤在陽光底下，心情自然會變得輕鬆。不說真話，人就不會改變。不將真實情緒發洩出來，心理與生理都不可能健康。

希望各位父母在育兒時重視情緒大於思考。要做到這點，父母要先成為善於表達情緒的人，平常就把「我好開心」、「我好難過」掛在嘴邊，孩子也會自然表達出情緒。對孩子說「把你的情緒表達出來」是很愚蠢的指令，大人該做的是，當有人對你很好或很體貼，老實說出「我好開心」；當有人對你不友善或態度冷淡，老實說出「我好難過」。只要父母善於表達情緒，孩子也會如此。善於表達情緒的人是很有魅力的。

就這一點，我很擔心日常生活中我們常掛在嘴邊的「還好」，我認為這句話是「雙面刃」。

◆「還好」是真的還好嗎？

當孩子在路上跌倒，我們都會關心他：「還好嗎？」聽到這句話，即使很痛也會回答「還好」，而且愈是「好孩子」愈會回答「還好」，這是很危險的。

看到孩子一臉痛苦問他「還好嗎」，看到他不太舒服也問「還好嗎」，一言以蔽之，「還好嗎」這句話會誘導人回答「還好」，具有壓抑情緒的作用。

那麼該怎麼辦才好呢？請各位猜想對方的感受，然後問他是不是這樣。看到孩子跌倒，不是問「還好嗎」而是問「很痛吧」，他會比較容易回答「很痛」。當孩子一臉痛苦，問他「你看起來很痛苦，怎麼了」，得到「還好」回覆的機率也會小很多。重點是要用容易讓孩子覺察自己情緒的問法，只要將痛苦發洩出來，心裡就會比較輕鬆。心裡輕鬆，孩子就會有活力。

關於「還好嗎」這句話還有一點需要注意，請各位回答「還好」之前深呼吸，問自己「真的還好嗎」、「有沒有硬撐」來檢視內心。

非行少年和受刑人都很常說「還好」。例如搬重物時，明明希望有人幫忙，卻絕口不提「可不可以幫我一下」，執意說「還好」，設法自己解決。他們非常不擅長依賴他人，原因是他們幾乎沒有依賴他人的經驗。

我對受刑人上課時會進行「搬運長桌」的簡單練習。我會在課堂上問所有人：「有誰要搬搬看這張長桌呢？」結果一定有人站起來自己一個人搬，他腦中從來沒有找人幫忙的念頭。於是我在黑板上寫了這段對話：

自己：可不可以幫我一下？
對方：沒問題，很樂意。
（兩人一起搬）
自己：謝謝你。
對方：不客氣，很高興能幫上你的忙，有問題隨時都可以找我。

要讓受刑人學會依賴他人，光靠嘴巴說是學不會的，需要實際體驗，感受到互相幫忙的喜悅。

你是不是也常把「還好」掛在嘴邊呢？尤其是認為「不能給人添麻煩」、「自立自強」的人更常說「還好」。各位或許覺得依賴他人是一件簡單的事，但從未表示過「我需要幫忙」的人，對於開口求助是相當抗拒的。而愈是抗拒就愈是獨自承受，正因如此，要從「可不可以幫我一下」、「我遇到困難，有人可以協助我嗎」開始練習。這些都需要刻意練習，從「可不可以」開頭，一點一點學會依賴他人。

聽到有人（包括自己）說「還好」時，請好好觀察那個人（自己），其實大部分情況都不是還好，而是在硬撐。日本人真的很不擅長好好依賴他人。

◆把叛逆期想成「自我表現期」

我有過許多與家有拒學孩童的家長諮商的經驗，不少母親都會表示「我家小孩沒出現過叛逆期」、「他是個不需要費心的乖孩子」，每次聽到這樣的描述，我都會理解為孩子沒有機會表達想法，一直自我壓抑。

一般來說，當小孩開始不聽大人的話，我們就會認為是「叛逆期」。這句話有兩個「先入為主」的觀念，第一個是認為不聽話是不對的。但是如同我之前所說，價值觀可以從不同角度思考，開始不聽話可以想作是孩子學會表達自己的想法。當他不想照著父母的話做，自然會表達出自己的「理由」。不講反而才恐怖，代表在壓抑。而此時，若父母沒有傾聽他的「理由」，一味認定是叛逆期，斥責他「不要不聽話」、「不要頂嘴」，孩子只能選擇閉嘴。然而當他開始閉口不談，父母又會說「你到底在想什麼？我都搞不清楚」，一步一步把孩子逼上絕路。父母不願傾聽孩子訴說理由，就是他選擇閉嘴的原因，而這個理由或許就是後來誤入歧途的根源。然而父母只會不明就裡感嘆：「我家小孩終於也進入叛逆期了啊……」

另一個先入為主的問題是，我們是否都認為叛逆期是成長過程的必經階段呢？叛逆期這個形容本身或許就有問題，因為一旦貼上叛逆期的標籤，父母就會認定叛逆（理由）只是「階段」的問題，而不去思考為何叛逆，也不會反思親子間的互動是否出了問題。如果父母能好好傾聽孩子的「叛逆」（理由），尋找彼此的「折衷點」，孩子就不會叛逆。從這個角度出發，這個階段不該稱為叛逆期，改為「自我表現期」或許更合適。

此外，關於拒絕上學，還有「不叛逆」的案例。假設有一對兄弟，哥哥出現拒學行為，父母一定會把精力放在哥哥身上，對於一如往常上學的弟弟則是叮嚀他「乖乖上學」。這樣的案例經常造成的結果是，當哥哥復原到可以回學校上課的狀態，反而變成弟弟拒絕上學，老師和周圍的人也開始閒言閒語：「那個家到底是怎麼教小孩的？兄弟兩人居然都拒絕上學！」這個家庭就被貼上「拒學問題」的標籤。

弟弟之所以拒絕上學，並不是因為他有「拒學問題」，而是其他理由。哥哥無法上學的這段期間，弟弟一直在忍耐內心的不滿：「為什麼爸媽都只關心哥哥，我也想要被關心啊！」簡單來說，處於對愛飢渴的狀態造成他心生不滿。一旦哥哥開始上學，弟弟就用拒絕上學的方式表達不滿。因此，當哥哥出現拒學行為，父母要明確讓弟弟知道自己也同樣受重視，比如對他說：「爸爸媽媽也很愛你，謝謝你。」我們很容易把孩子該做的事（例如上學）視為理所當然，如此一來會讓他產生問題行為。

兄弟姊妹中有人誤入歧途或有心理問題（例如厭食症或憂鬱症），也會發生同樣狀況，父母不得不把精力用在迷途的孩子或罹患身心症的孩子身上。假設老大不學好而誤入歧途，老二（表面上）會表現得乖巧老實，因為看到哥哥姊姊的所作所為，自然知道自己不能有樣學樣。此時的「乖巧老實」不用多說一定是壓抑的結果。倘若父母再要求他「獨立自主」，更是火上加油。

許多案例都能看到家裡兄弟姊妹的順序是「問題孩童」→「乖孩子」→「問題孩童」。若以為「乖孩子」真的是好孩子，那就大錯特錯。問題孩童某種程度上是在自我表現，問題發生的當下雖然棘手，一旦好好解決，就能重回正途。然而乖孩子是在自我壓抑，只是將問題延後爆發罷了。

家中有身心障礙的孩子時，父母更要注意。因為父母絕大多數的時間都會花在有障礙的孩子身上，其他孩子只能選擇忍耐。請留意健康的孩子，經常對他表達關愛的話語，或者抱抱他。

◆不要用「評價」來稱讚孩子

常有人說「小孩需要稱讚」，但是必須注意稱讚方式。首先是用字遣詞，如果用「你好厲害」、「真是了不起」來稱讚孩子，孩子長大後可能會看不起「不厲害」、「不了不起」的人。「厲害」、「了不起」都隱含評價的意味，用這種方式稱讚孩子會讓他變得喜歡和別人比較，或者否定不厲害的自己。具體來說，應該用「我好開心」、「謝謝你」等表達感謝的話語。當孩子考到好成績，請告訴他「媽媽好開心」；當孩子幫忙打掃家裡，也請告訴他「變得好乾淨，真是謝謝你」。

其實和他人比較一點助益也沒有。老師通常會用「跟某某人比，你真是糟糕」這類否定的說法，但反過來用「你跟某某人比起來好多了」，又換成對方受傷。一再重複這種做法，孩子學會的是與他人競爭，整個班級要是變成競爭場所就太悲慘了。比較只能用在一種地方，就是和個人成長做比較，例如「跟半年前比，你又更進步了」。

另一個重點是讚美的情境。假設家裡有兄弟兩人，父母在兩個孩子面前卻只稱讚其中一人，可能會傷到另個孩子的心。例如對哥哥說「你這次考很好，真是了不起」（這種情況就算是說「我好開心」也一樣），弟弟在一旁聽了心裡肯定不舒服：「都只誇獎哥哥，可惡！」那麼該怎麼做才好呢？方法很簡單，就是挑只有一個孩子在場時再誇獎。在學校也是，假設班上有三十個人，老師只讚美其中一名學生，其他二十九人或許會因此感到不舒服。如果很想誇獎某個學生，請挑只有他一人在場的時候，小聲對他說：「你今天很棒，老師很開心。」

而最需要注意的一點也是本書反覆強調的，避免用價值觀的方式讚美孩子，例如「真像個男子漢」、「你好堅強」、「你真可靠」，因為這樣的話語同時也是在告訴他「不像個男子漢」、「軟弱」、「靠不住」都是不好的。

結論就是，大人要從日常生活養成常說「我好開心」、「謝謝你」的習慣。當身邊大人在日常生活實踐這些習慣，孩子在同儕間也會開始這麼做。在孩子小的時候就讓他養成這個習慣，會是他「一輩子的禮物」。我們如何被對待，就會如何對待他人。

● 18 **教師研習中心** 日文為「教育中心」，為各地方政府轄內提供各級學校教職員進修之機構。

結語

「好孩子」與犯罪的距離

Conclusion

◆結語

小時候的我和宮本亞門一樣是個笑口常開的孩子。每當心情低落，朋友問我「今天怎麼了」、「發生什麼事」，我只會擠出笑容說「沒事」，臉上掛著微笑對我來說是理所當然。當時我不知道原來這就是折磨自己的原因，一直到後來學習心理學、與受刑人接觸，才理解小時候的自己為何總是掛著笑容——因為我想討母親歡心。

我的父親在我幼稚園時過世，母親一手把我養大，加上我是長男，周圍的大人常對我說：「你要加油哦，長大好讓媽媽依靠。」因為被耳提面命無數次，小時候的我認定「加油」是理所當然。而當時的我「讓媽媽依靠的方法」就是面帶笑容。只要我笑了，媽媽就會開心，我是這麼想的。我也以為只要不笑，媽媽就會難過，自己任意訂下母親愛我的條件。一直到很久之後才發現我因此活得很痛苦。

升上國中，我一心為了將來找到好工作，讓媽媽過上好日子，發憤圖強努力讀書，成績卻不如己意。或許因為累積了壓力，我開始找其他同學麻煩，發洩內心的焦慮，從老師的角度來看應該算是問題學生。當時的我相當逞強，明明不會打架，卻硬是挑厲害的對手出言挑釁。

當時發生一件我仍然記憶猶新的事。某天數學老師請假，數學課改成自習時間，由一位年輕女老師監督大家自習。自習時間對我來說就是玩樂時間，老師看到我沒在念書，立刻對隔壁同學說：「你不能像岡本同學那樣，知道嗎？要乖乖念書哦。」這一切就發生在我眼前。聽到她這番話，我臉上雖然掛著笑容，內心卻深深受傷。

在那之後我開始出現明顯的問題行為。我在那名年輕女老師的課堂上作弊，雖然很想說當時是不小心起了歹念，但我其實有自己的「理由」，因為我最討厭那個老師。只有那個老師教的科目我無心讀書，也不想考試。不過好笑的是，當我偷偷拿出課本，馬上就被發現了，可想而知放學後母親被找來學校。

我的班導是一位教英文的年輕男老師，他和母親單獨談話，我一個人留在教室。他們談完後，我已經做好回家路上會被臭罵一頓的心理準備。沒想到母親什麼也沒說，甚至問我「今天晚餐想吃什麼」，讓我覺得非常不可思議，十分納悶為什麼自己沒被罵。過了一陣子班導找我談話，告訴我：「不要太勉強自己哦！」那一刻我終於了解發生什麼事，母親被學校找去時，班導把我平時累積的壓力告訴她。這件事讓我感受到老師對我的關愛，也重新體會母親選擇不罵我的原因，那是我人生中第一次感覺到「現在的我就很好了」的瞬間，後來再也沒做出問題行為。

施以懲罰，只會讓人變得更壞；給予關愛，才能使人變得更好。人會被他人所傷，也需要他人治癒傷口。還是國中生的我雖然無法理出明確思路，但這是我能這麼想的起點。

最後，第一章提到宮本亞門和母親之間的對話，我自己的答案是：

是不是遇到什麼困難了呢？記得不論發生什麼事，媽媽（爸爸）永遠站在你這邊。

一邊這麼告訴孩子，一邊抱緊他。這就是我想要各位父母表達的關愛。

岡本茂樹

◆本書出版原委

本書作者岡本茂樹老師已於二〇一五年六月二十六日離開人世。新潮社新潮新書編輯部受其家人委託，整理岡本老師生前遺留之稿件，始有本書的出版。

岡本老師生前曾於新潮社出版《教出殺人犯I：你以為的反省，只會讓人變得更壞》與《教出殺人犯III：治好心裡的傷，才是真正的教育》兩本書，因為有此緣分，其家人希望遺稿能由新潮社負責，敝公司編輯部評估後認為有出版價值，決定以新潮新書之書系名出版。

文章內容除了訂正錯別字、刪除重複敘述外，基本上完整保留岡本老師的原文，惟書名、大標題、章節名、小標題由編輯部擔綱修正。

新潮新書編輯部

教出殺人犯Ⅱ：
「好孩子」與犯罪的距離
いい子に育てると犯罪者になります

作者	岡本茂樹（Shigeki Okamoto）
譯者	黃紘君
主編	陳子逸
設計	日央設計工作室
校對	魏秋綢
發行人	王榮文
出版發行	遠流出版事業股份有限公司 104 臺北市中山北路一段11號13樓 電話／(02) 2571-0297 傳真／(02) 2571-0197 劃撥／0189456-1
著作權顧問	蕭雄淋律師
初版一刷	2023年12月 1 日
初版二刷	2024年 4 月23日
定價	新臺幣380元
ISBN	978-626-361-361-4

YLib.com 遠流博識網
www.ylib.com
Email: ylib@ylib.com

國家圖書館出版品預行編目（CIP）資料

教出殺人犯 II：「好孩子」與犯罪的距離
岡本茂樹 作；黃紘君 譯
初版；臺北市；遠流出版事業股份有限公司；2023.12
272 面；14.8 × 21 公分
譯自：いい子に育てると犯罪者になります
ISBN：978-626-361-361-4（平裝）

1. 矯正教育　2. 青少年犯罪　3. 青少年問題

548.7114　　112017844